JN113074

国際学部

三井綾子

ぺりかん社

はじめに

グローバル化、国際社会という言葉を聞かない日はないくらい、私たちと外国との間には、あらゆる産業や文化、価値観が共有され、人、もの、お金、情報が広く、そして深く結びついています。

みなさんの学校生活の中でも、英会話のレッスンや異文化を理解するための授業があたりまえになり、外国を身近に感じる機会が増えていると思います。これからの時代を生きる私たちは、日本(にほん)を理解し、その魅力(みりょく)を世界へ発信する力を養うことが、ますます求められるでしょう。

国際学部は、外国を知り、複雑で多様な世界共通の社会問題について、外国語を活用して解決するための分野を学べる学部です。これからのグローバル社会を生きるために、必要な学びが充実(じゅうじつ)しています。

また、この学部では、英語などの外国語の修得が必須(ひっす)です。しかし、みなさんのなかには、英語が苦手だったり、テストの点数が伸(の)びなかったりして自信がない人がいるかもしれません。確かに、英語や第二外国語を習得するには、時間と労力がかかります。しかし、国際学部はレベル別のクラスを設定したり、語学が得意な学生といっしょに学んだりすることで、語学力の基礎を一からしっかり固めることができます。

学部のもうひとつの魅力は、大学で身につけた学びの方法や技術が、社会に出てからも活かせることです。学生たちは、外国語の4技能「聞く、話す、読む、書く」をじっくりと試行錯誤しながら高めるとともに、苦労して体得した学び方を、卒業後は仕事や趣味の中で活かしています。たとえば、海外勤務で現地の言語を一から習得したり、経営学やビジネスなど興味をもった専門分野を前向きに学んだりすることができるのです。異なる文化と社会に生きる人びとを理解し、おたがいにプラスになる関係を築く素養も身につくので、どんな国や地域でも自分らしいキャリアをめざすことができます。

これから大学の学部選びをしっかり考えたい人は、ぜひ、すでに発行している同じシリーズの『外国語学部』と『教養学部』もあわせて読んでみてください。学べる専門分野や卒業後の進路などが重なっていますので、みなさんにはその2学部も進学先の候補になるかもしれません。

この本が、外国語が好きな人や海外に興味のある人、世界とつながりたい人にとって、国際学部の学びを知るためのきっかけになればうれしく思います。

著者

国際学部　目次

3章 国際学部のキャンパスライフを教えてください

4章

資格取得や卒業後の就職先はどのようになっていますか?

5章

国際学部をめざすなら何をしたらいいですか?

＊本書に登場する方々の所属・情報などは、取材時のものです。

1章

国際学部は
どういう学部ですか？

Q1

国際学部は何を学ぶところですか？

世界の国や地域について学び、世界共通の課題を学ぶ

「国際学部」というと、みなさんはどんな学部や学びをイメージするだろう？　英語を専門に学ぶところ？　外国人とのコミュニケーション能力を身につけるところ？

文字通り「国際」をテーマにしているので、英語などの外国語を学ぶカリキュラムは必須だ。外国人教員による授業が充実しているし、さまざまな国や地域へ留学に行き、現地で専門分野を学ぶ。学内でも外国人留学生とともに授業を受け、サークルやボランティアなど課外活動に打ち込むなど、生きたコミュニケーションを体験する場も豊富だ。

しかし、国際学部の実際の学びは、もっと深くて幅広い。**ひと言で言うと、現代における世界の国や地域の特徴や課題について、または世界共通の社会的課題について着目し、それを探究するための学部なんだ。**

今の国際社会に目を向けてみよう。世界中のあらゆる国や地域で、自然環境の異変や

民族紛争が起こり、多くの貧困層や移民を生み出している。そして、国際機関を中心に、先進国をはじめ他国や地域に政治的な解決をはたらきかけ、人道支援を行っている。**このような、世界規模の社会問題の原因を見極め、解決に導くための方法や考え方を学べるのが、国際学部の大きな特色のひとつだよ。**

日本の社会問題を世界から学び、世界の言語を学ぶ

国や地域の枠を超えて人やもの、情報のグローバル化が急激に進む今日。日本の社会的な課題を世界に注目して学ぶことも、この学部では可能だ。今、日本には、多くの外国人が住んでいる。**日本人と外国人の地域や学校、働く場でのコミュニケーションの在り方を考えるのも、国際学部の学びのテーマだ。**

一方で、みなさんの多くが、国際学部＝「英語や外国語を学ぶ学部」というイメージがあると思う。言語についてはとても充実していて、英語はもちろん、多くの外国語の科目やカリキュラムが揃っていて、多言語を専門的に学ぶことができる。

国際学部の外国語教育では、「聞く、話す、読む、書く」の4技能をバランスよく学び、卒業までの4年間をかけて、言語能力を高めることができるよ。みなさんも中学校や高校で、英語の4技能を高めていると思うけれど、**国際学部では英語以外の言語も同じように**

深く幅広く習得できるんだ。授業以外にも、外国語によるスピーチや朗読のコンテストなど、スキルを試す機会が豊富だ。

外国語以外で国際学部の学問領域に関連する分野、たとえば**国際関係学や社会学、環境学、国際文化学を、外国語で学べる授業も多い。言語スキルだけではなく、外国語の背景にある社会や文化を、その国の言語で直接学ぶこともできるんだ。**日本語に訳された知識や情報を得るよりも、より深く学ぶことができる。

また、英語など外国語を使ったプレゼンテーションや論文の発表、外国人留学生や教員とのディスカッションなど、学びのテーマについて専門知識や情報を吸収し、自分で考えて、論理的に伝えるス

主な学部の系統別分類

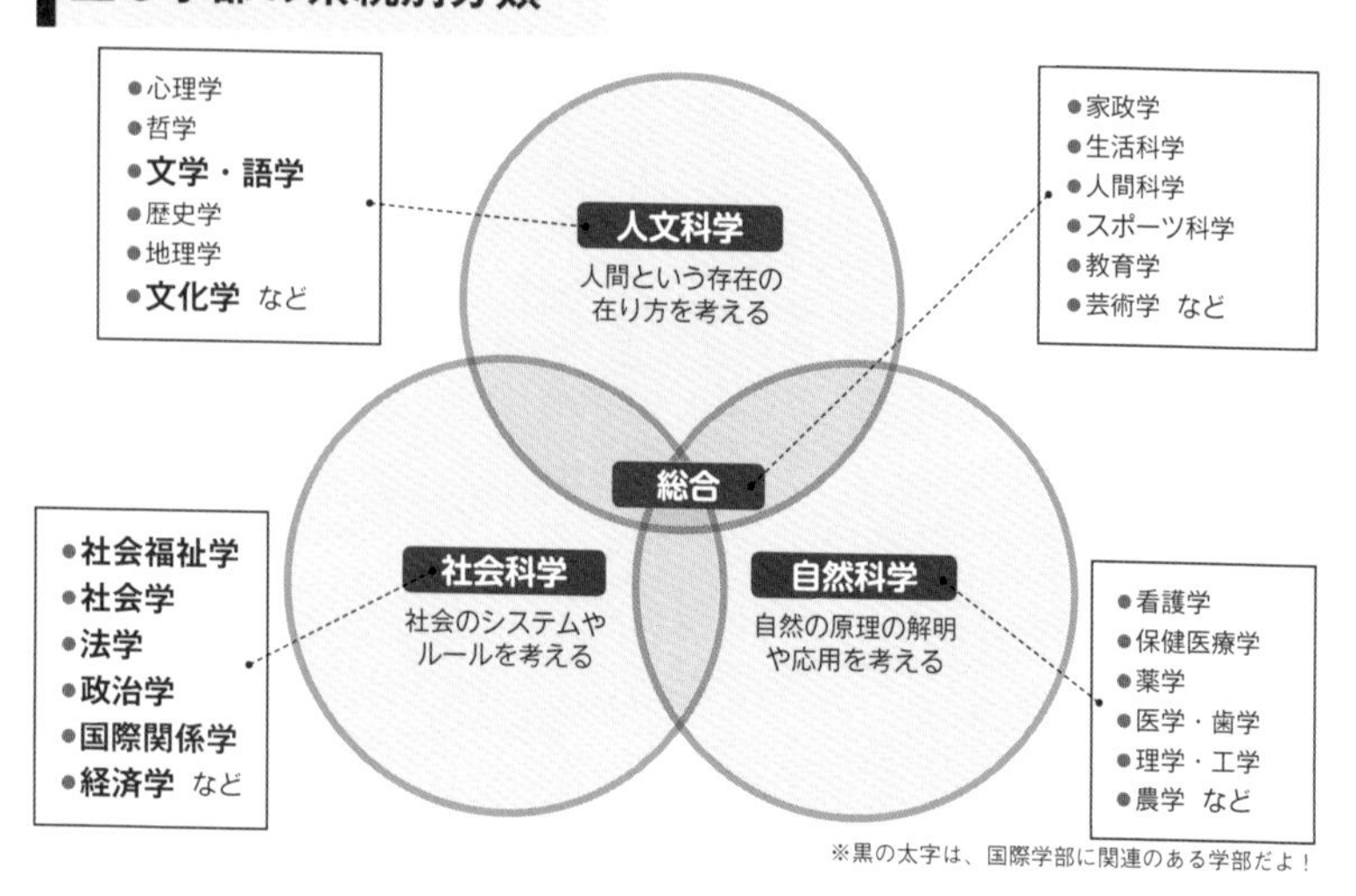

※黒の太字は、国際学部に関連のある学部だよ！

キルを学ぶ機会も多い。

さらに、海外留学や研修制度といった、外国の言語と社会、文化を体験的に学ぶ機会も国際学部の大きな強み。その内容は大学によって異なるので、よく調べてみよう。

国際を軸に理想の学びは無限大に広がる

近年の国際学部では、世界に通用する経営者を育成するビジネスコースや、インターネットなどの情報工学を専門に学べるコースを設けているところもある。**文系や理系の枠にとらわれず、時代の最先端の学びを英語で学ぶことができるのが魅力だ。将来、グローバル企業で英語を駆使しながら、得意分野を活かして外国の人たちと働くこともできるんだ。**

そもそも大学は、中学・高校とは違って、学びのテーマを自由に決めることができる。自分にふさわしい科目やカリキュラムを選び、4年間かけて深めていく場だ。なかでも国際学部の学びは自由度が高く、専門の外国語、世界の問題、さらに自分の興味のある学問を関連づけて学ぶことで、理想の学びを無限大に広げることができるよ。

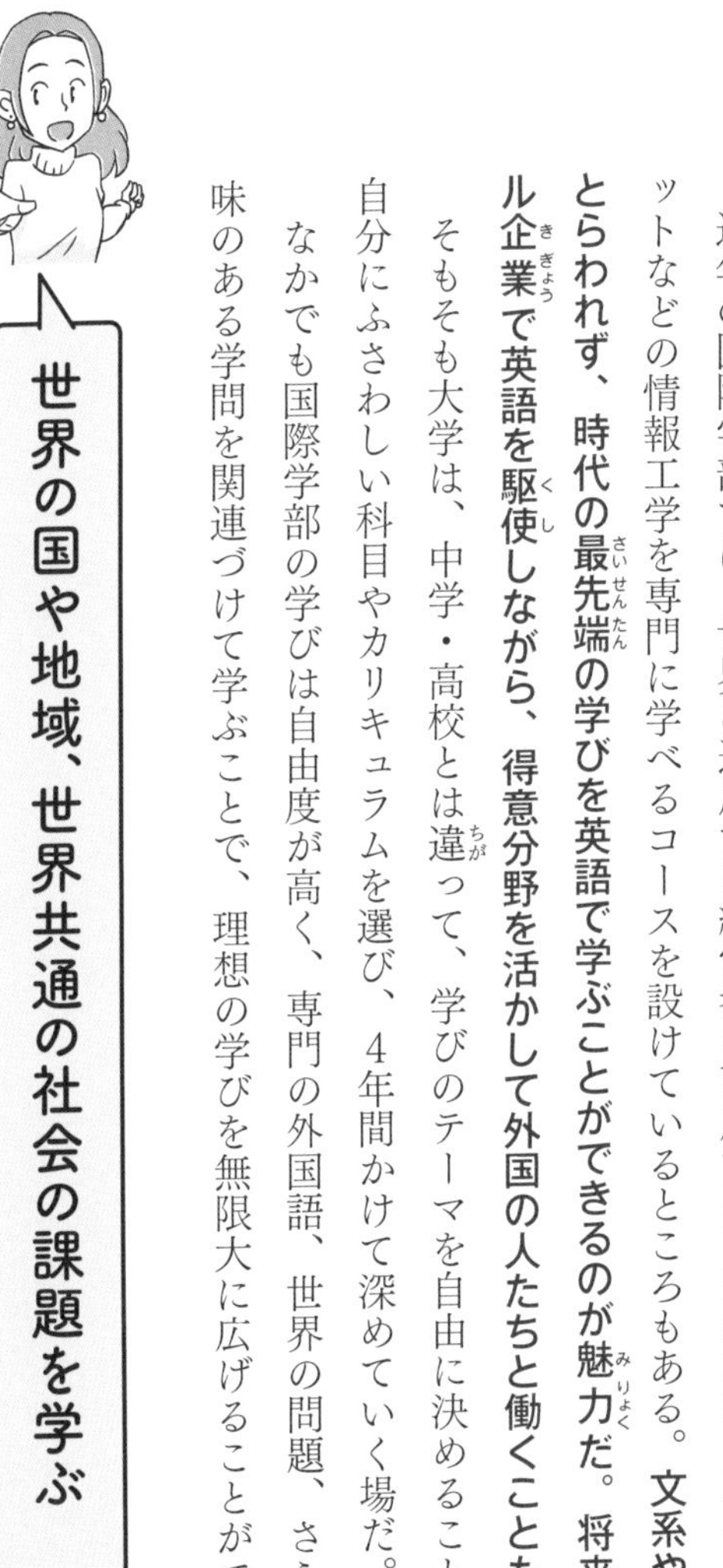

Q2 どんな人が集まってくる学部ですか？

英語が好きな人や世界に興味がある人が多い

国際学部で学ぶ、または学んだ先輩の多くは、子どもの頃から英語や外国の文化に興味をもっていたようだ。**小学校から英語のネイティブ教員の授業を受けたり、地域の外国人との交流を体験したりするなど、「英語が好き、世界をもっと知りたい」という純粋な気持ちが、国際学部への進学につながっているよ。**

その思いは中学校や高校に進んでからも続いていて、日頃から英語の学習に力を入れる、英語のスピーチコンテストに挑戦する、さらに短期の海外研修に参加するなど、英語力の向上に熱心だ。学内での課外活動でも、発展途上国への物資支援を行ったり、外国の文化や社会をテーマにした研究発表を文化祭で行うなど、自分で課題を考えて自由に学んでいる人も多い。

また国際学部には、外国人留学生が多いのも特徴的だよ。文化も言語も異なる若者と

議論することで視野が広がり、理解し合い、コミュニケーションの壁を越えることができる。

また、海外で長く暮らしていた日本人（帰国子女）の学生も、この学部にはよく集まってくるんだ。なかには日本語や日本史が苦手な学生もいるので、日本と外国の言葉と文化を教え合うことができるし、日本人として世界の中で生きるために、どんな学びや心構えが必要か、いっしょに考えることもできるだろう。

コミュニケーションに積極的で人の役に立ちたい人

外国人はもとより、人と接するのが好きな人も、国際学部の学生にはよく見られる。自分とは文化も考え方も違う人たちと、コミュニケーションを積極的にはかっているよ。

海外留学や研修など実際に現地に行って学ぶだけではなく、日頃(ひごろ)からインターネットを活用して、海外の学生といっしょに異文化交流のプロジェクトを進めたり、国連で採択(さいたく)されたSDGs（持続可能な開発目標）にかかわる環境(かんきょう)保全活動などを行っている人も多い。今、中学校や高校の国際系コースで学んでいる人なら、同じような学びをすでに経験している人もいるだろう。

国際学部に進む学生は、ボランティア活動に興味のある人も多いよ。たとえば、発展途(と)上国(じょうこく)の教育や医療(いりょう)、福祉(ふくし)に興味をもち、現地の非営利団体やボランティア団体に所属して、子どもや高齢者(こうれいしゃ)の生活をサポートしている。夏休みや春休みの期間も活かして、積極的に海外に赴(おもむ)いている。

英語が苦手、コミュニケーションが不安でも学べる

みなさんのなかには、外国に興味はあるけれど英語のテストでいい点が取れない、英語はおろか、日本語を話す時すら、人前でもじもじしてしまう、という人がいるかもしれない。

でも、世界について興味がある、英語などの外国語をしっかり学んでみたい、という強い思いがあれば、国際学部で実現できるよ。

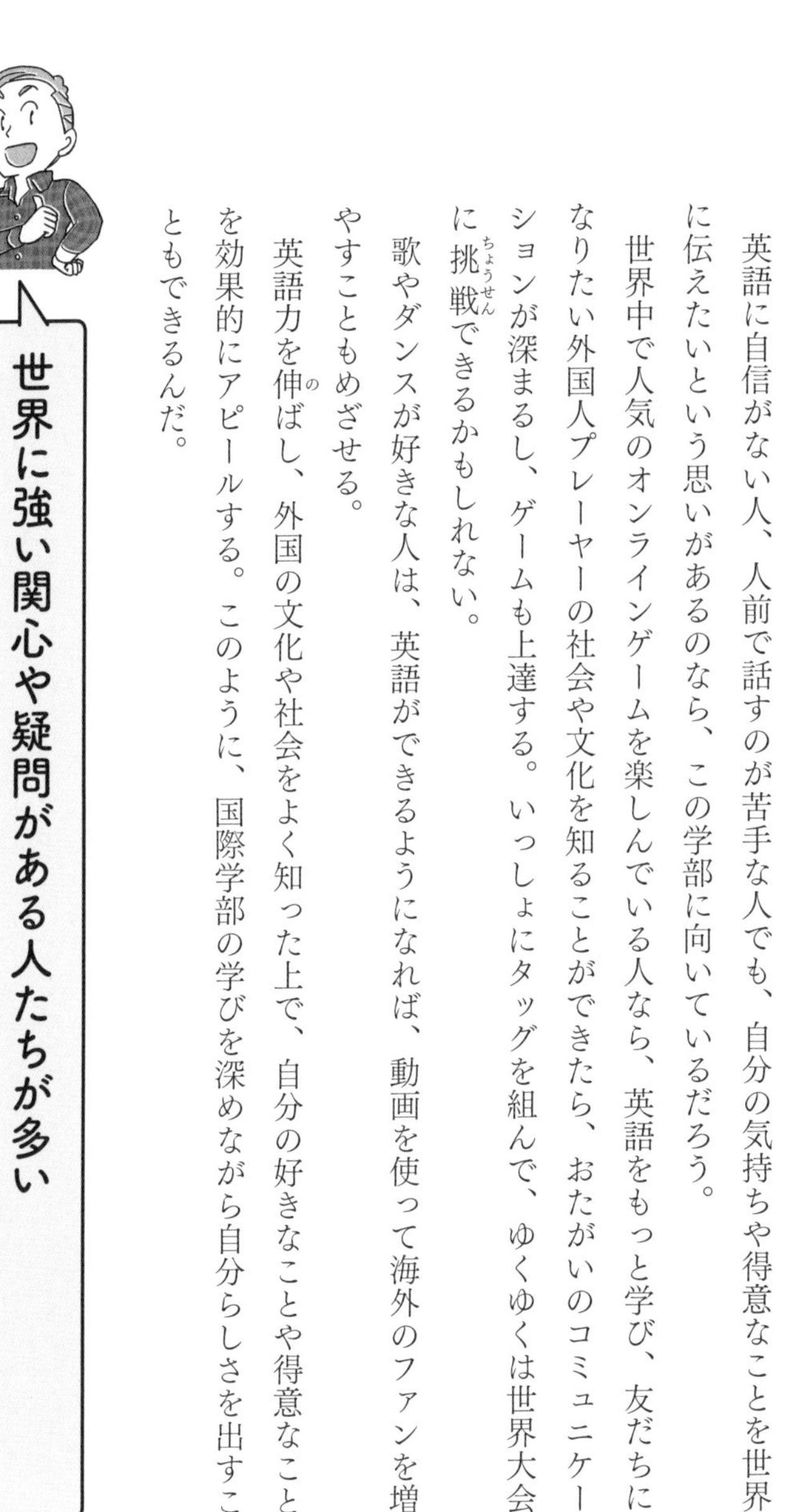

世界に強い関心や疑問がある人たちが多い

学部では1年次から英語のクラス別授業が行われ、段階的に学ぶことができる。同じレベルの人たちといっしょに学ぶことで、少しずつ能力を伸ばすことができるんだ。

英語に自信がない人、人前で話すのが苦手な人でも、自分の気持ちや得意なことを世界に伝えたいという思いがあるのなら、この学部に向いているだろう。

世界中で人気のオンラインゲームを楽しんでいる人なら、英語をもっと学び、友だちになりたい外国人プレーヤーの社会や文化を知ることができたら、おたがいのコミュニケーションが深まるし、ゲームも上達する。いっしょにタッグを組んで、ゆくゆくは世界大会に挑戦できるかもしれない。

歌やダンスが好きな人は、英語ができるようになれば、動画を使って海外のファンを増やすこともめざせる。

英語力を伸ばし、外国の文化や社会をよく知った上で、自分の好きなことや得意なことを効果的にアピールする。このように、国際学部の学びを深めながら自分らしさを出すこともできるんだ。

Q3 学んだことを社会でどう活かせますか？

異文化の人を理解し、協力し合える

国際学部の学びの核となるのが、英語をはじめとした外国語の習得だ。もちろん、中学校や高校の試験対策のように、テキストを使って文法や表現を学習することもある。でも、**大学の外国語の授業は、あるテーマについて学生同士で調べて議論するグループワークや、自分の意見を外国語で表現するプレゼンテーションなど、自分で考えて行動する学びが多いんだ。**

また、外国語の「聞く、話す、読む、書く」の4技能を高めるだけではなく、言語の背景にある文化や社会を、学部の人文科学系（文学、歴史学など）や、社会科学系（法学、経済学、社会学など）といった専門科目を通して、深く学ぶ。だから、日常のあいさつや買い物、観光のような旅行で通用するレベルよりも、より高度なコミュニケーションスキルをみがくことができるよ。

学部で学んだ外国語を、海外留学や研修を通して試してみることで、さらに豊かな表現力が身につくよ。異文化に直接ふれながら、相手を理解し、自分の意思を伝える経験を積み重ねていくことで、今の時代に合うコミュニケーション力が高まるんだ。

同時に、自分の意思を相手に伝えることによって、今まで知らなかった自分の性格や個性に気付くこともあるだろう。それが、卒業後の就職やライフワークなど、将来の進路を決める大きなきっかけになる。

大学を卒業してから、実際に外国人といっしょに仕事をしたり、外国で生活を送る時に、自分に備わった豊かな外国語能力を実感できるはずだ。

新しい価値観や仕組みを生み出す

多くの国際学部では、大学2年生から海外留学や研修が本格化する。それは、語学をスキルアップさせる

ための授業だけではない。現地でのインターンシップ（職場体験）や地域のボランティア活動、研究発表会、音楽やアート、スポーツのグループ活動など、体験的な教育プログラムや課外活動も充実しているんだ。

外国人の学生や教員、さらに地域の人びとともに何かに取り組むことで、新しいアイデアを生み出す力や組織をまとめる力を高めるんだ。そのクリエーティブな力をさらに発展させて、大学の在学中に世界を視野に入れたビジネスをつくることだってできる。

グローバル化が急激に進む今日。大学卒業後は、世界に求められる革新的な商品やサービスといった新しいものや価値観、さらには世界共通の法律や組織といった新しいルールや枠組みをつくる仕事にたずさわるチャンスが得られるだろう。

日本人だけの組織でも主体的に活躍できる

外国の人といっしょに働くための心構えや職業スキルは、日本人だけの組織の中でも活かすことができるよ。同じ日本人でも、意見や考え方は人それぞれ。人の意見をまとめ、リーダーシップを発揮することができる。

海外留学や研修の経験があれば、日本人とは異なる考え方や見方を学ぶことができるので、それを応用して海外向けの商品やサービスを企画することもできるよ。

逆に、日本の文化や歴史を探究することで、自分の日本人としての個性や感性を伸ばし、外国人の組織の中で自分らしさを発揮することもできる。文化の異なる日本と外国の両方を知ることで、将来の進路の幅を広げることができるだろう。

未知の分野を自分に合う方法で学ぶ

国際学部の学生たちの必須の学びである、外国語。言語の習得には時間と計画性、工夫が必要だ。多くの先輩たちは、複数の言語を学ぶための学習方法を見出し、その言語の社会や文化の中で順応できるだけのスキルを向上させている。

自分に合う言語学習の方法は、社会人になってから、何かを一から学ぶことがある時に役立つんだ。

特に上達に時間のかかるパソコンスキルや、専門職に求められる特別な知識や技能を一から学ぶ必要がある時、その方法が活かされる。自分に合う方法を見つけ出し、地道に学ぶ姿勢とコツは、社会の変化の著しい未来を生きるための力になるだろう。

世界の国や地域、または世界共通の課題を探究できる

2章

国際学部では
どんなことを学びますか？

Q4 国際学部には主にどんな学科がありますか？

「国際○○学部」という学部が多い

国際学部には実にさまざまな名称の学科が設けられているけれど、学部の名称も「国際学部」だけではなく、大学によってバラエティーに富んでいる。学科を紹介する前に、先に学部の名前について少しふれておこう。

本書のテーマは「国際学部」だが、日本の大学に設けられている実際の国際学部は、たとえば「国際関係学部」や「国際社会学部」、「国際教養学部」、「国際日本学部」というように、「国際○○学部」という名称が圧倒的に多い。「○○」の部分が、その大学の国際学部で学べる主な専門領域と考えていいだろう。

ちなみに「国際」以外にも、国・地域の枠を超えた共通課題を学ぶ学部として、「アジア太平洋学部」、「グローバル・メディア・スタディーズ学部」、「21世紀アジア学部」という学部があるよ。

ほとんどの学科が人文・社会科学系

国際学部の中に設けられている学科も同じように多彩で、その名称は「国際○○学科（またはコース）」が主流なんだ。学べる分野は、人文科学系と社会科学系、教養系、情報メディア系の四つに分けられる。

まず、世界の歴史や文化、言語、コミュニケーションなど人文科学系の学科として、「国際文化」や「国際コミュニケーション」、「国際交流」などがある。日本を含む世界の国・地域の歴史と地域研究を通して、異文化理解、人間理解を深めていく。英語以外の外国語の教育にも力を入れている学科もあるよ。

政治や外交、環境やコミュニティー、経済・金融、経営など社会科学系の学科については、「国際関係」や「国際政治」、「国際経済」、「国際経営」、「国際ビジネス」、「国際社会」などがある。

さらに「国際地域」や「国際観光」、「国際福祉」といった、特定の国や地域の社会的な課題に焦点を当てる学科もあるよ。このように国際学部では、外国語の習得と多文化理解とあわせて、特にこの社会科学系の学問を専門とする学科が多いんだ。

そのほか、人文・社会科学の両方を幅広く学ぶ「国際教養」、「国際日本」、「国際総合」

など。教養系（リベラル・アーツ）の大学・学部と同じような内容なんだ。

また近年、「国際情報」や「グローバル・メディア・スタディーズ」など、海外での活躍（かつやく）に必要な英語力や情報技術、メディアコンテンツの技術を学ぶ学科が生まれている。情報系の技術者も、今や外国語や異文化を理解し、コミュニケーション能力を高めることが求められているんだよ。

ほかの学部にも「国際○○学科」がある

国際学部の学科は、実はほかの学部にも多く設けられている。**いくつか例をあげると、人文社会学部に「国際文化学**

国際学部にある主な学科

外国語や異文化を深く学ぶ学科
- 国際文化学科
- 国際コミュニケーション学科
- 国際交流学科　など

世界の政治や経済、社会を学ぶ学科
- 国際関係学科
- 国際経済学科
- 国際経営学科
- 国際観光学科　など

教養を深め、学問を横断的に学ぶ学科
- 国際教養学科
- 国際日本学科　など

情報技術やメディアを学ぶ学科
- 国際情報学科
- 国際メディア学科　など

科」、法学部の中に「国際企業学科」、経済学部の中に「国際経済学科」、経営学部に「国際経営学科」や「国際学科」がある。

外国語系の大学・学部にも同様に、国際学部と同じような学科を設けているところも少なくない。外国語とその文化、社会を学ぶ国際学部の学びが、今の時代、学問の枠を超えて必要とされていることがうかがえるね。

学科の中でコースが分かれることも

国際学部では、学科の中にさらに専門のコースが設けられていることが多い。

たとえば、ある大学の国際社会学科の中には、地域文化を学ぶコースと芸術・メディアを学ぶコース、国際観光を学ぶコースの三つが設けられている。そして、コース制を設けている多くの学科では、2年次にそのコースを決めることになる。

しかし、選んだコース以外の分野も横断的に学べるようになっているので、第一希望のコースで専門分野を究めながら、その他の分野も自由に学ぶことができるよ。

「国際〇〇学科」という名称が多く、コースが分かれている大学もある

Q5

国際文化学科では何を学びますか？

世界の国・地域の文化を探究する

その名にある通り、国際文化学科では日本を含めて世界の国・地域の「文化」に注目して、その特徴と本質を多角的に探っていく。ヨーロッパやアメリカ、アジアなどひとつの国・地域、文化圏に焦点を当てて、その国の民族・文化を研究する学びもあれば、アートや音楽、映画、食などグローバル化が進む文化を学ぶこともできる。1、2年次では、ヨーロッパ、アメリカ、アジア、アラブ諸国、アフリカといった世界の言語・文化圏の文化と、歴史や思想・宗教、文学、芸術など文化と結びつく分野の基礎知識を幅広く学ぶよ。

国や言語特有の文化を深く掘り下げるために、外国語教育も盛んだ。大学によっては英語のほかフランス語、スペイン語などヨーロッパの言語、中国語や韓国語などのアジア圏の言語、さらにはペルシャ語やアラビア語など、中東諸国の言語を学べる機会もあるよ。

また、異文化理解や外国語の基礎力を身につけるために、1年次には1、2週間ほど

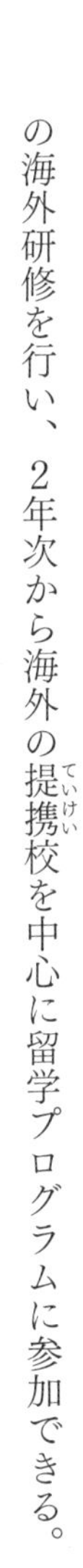

の海外研修を行い、2年次から海外の提携校を中心に留学プログラムに参加できる。

生活に身近なできごとを研究課題にしやすい

3、4年次では、自分が決めた専門分野をさらに深く学んでいく。**1、2年次の基礎・専門科目で学んだ、国・地域の枠を超えて世界中に広がる文化の現象、たとえばアートや映画、音楽、アニメなどに注目し、その特徴と本質をさまざまな文化圏と比べてあきらかにしていく。**研究課題は美術の分野であれば、「葛飾北斎の版画がなぜヨーロッパで受け入れられたのか」、ポップカルチャーなら「日本のアニメがなぜ世界中で人気になったのか」など。この学科では、生活に身近なできごとも研究テーマにしやすいんだ。

世界の異文化を学ぶこと、また世界中で受け入れられている文化を探ることは、人種や民族の異なる人びととの価値観を理解することにもつながる。また、深刻になっている民族対立や地域紛争、環境問題など、世界共通の社会的課題を考えるための基礎となる。国際学部のすべての学びとつながっているといってもいいだろう。

国・地域独特の文化をさまざまな観点から探る

Q6

国際関係学科では何を学びますか？

政治や経済の面から世界共通の課題を探る

国際関係学科は、日本を含む外国や文化・経済圏の政治や経済の動向を学び、世界共通の課題について探究する学科だ。どの国の人びとも平和で安全な暮らしができるように、国や地域の利害を超えて解決しなければならない課題について向き合うことが目的だ。

1年次では政治学や経済学、法学や経営学など、社会科学系の基礎知識を身につける。また、歴史や宗教、比較文化、地域研究など、関連する学問も幅広く学んでいくよ。

2年次からは、国際政治や国際経済、国際法、経済開発など、国際関係学の領域を専門的に学んでいく。たとえば、ヨーロッパやアメリカ、アジアの諸地域の政治や外交、経済政策、さらには金融やビジネスなど、経済学や経営学も学ぶ。3・4年次では、今までの学びのなかから自分で興味のある課題を見出し、研究する。

外国語の勉強ももちろん必要で、英語のほかに中国語や韓国語など多言語の科目を選べ

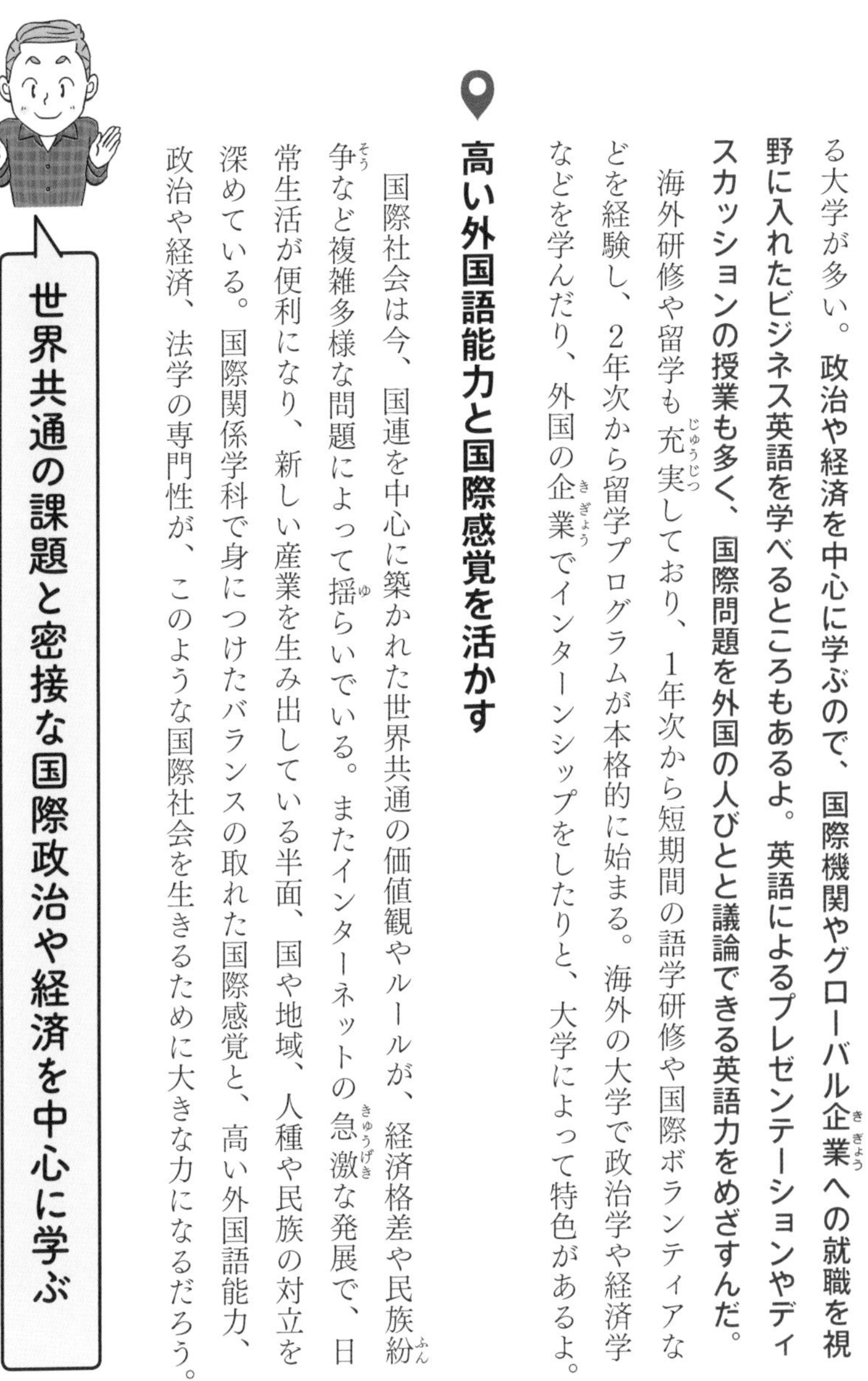

る大学が多い。**政治や経済を中心に学ぶので、国際機関やグローバル企業への就職を視野に入れたビジネス英語を学べるところもあるよ。英語によるプレゼンテーションやディスカッションの授業も多く、国際問題を外国の人びとと議論できる英語力をめざすんだ。**

海外研修や留学も充実しており、1年次から短期間の語学研修や国際ボランティアなどを経験し、2年次から留学プログラムが本格的に始まる。海外の大学で政治学や経済学などを学んだり、外国の企業でインターンシップをしたりと、大学によって特色があるよ。

高い外国語能力と国際感覚を活かす

国際社会は今、国連を中心に築かれた世界共通の価値観やルールが、経済格差や民族紛争など複雑多様な問題によって揺らいでいる。またインターネットの急激な発展で、日常生活が便利になり、新しい産業を生み出している半面、国や地域、人種や民族の対立を深めている。国際関係学科で身につけたバランスの取れた国際感覚と、高い外国語能力、政治や経済、法学の専門性が、このような国際社会を生きるために大きな力になるだろう。

世界共通の課題と密接な国際政治や経済を中心に学ぶ

Q7 国際社会学科では何を学びますか？

世界の人びとが共生できる社会づくりを探る

国連が定めた「ＳＤＧｓ（持続可能な開発目標）」は、世界各国・地域の文化や価値観、多様性を認め合いながら、貧困や食糧、健康、教育といった共通課題を解決することを目的としている。国際社会学科の学びは、まさにＳＤＧｓが掲げる目標と深く結びついていて、課題を解決するための学びが充実している。

専門分野は、社会学をはじめ文化人類学や日本と諸外国の地域研究が中心になる。また、ジェンダーや子ども、高齢者や障害者、ＬＧＢＴといった教育や社会福祉、人権にかかわる分野、さらには自然環境やエネルギー問題など、地球環境にかかわる分野も含む。

この学科は、国内外のある地域に実際に赴いて調査・研究することを重視している。そのため海外研修や留学のプログラムが多彩で、具体的には、発展途上国の貧困地域で暮らす子どもや高齢者の福祉支援、農園の経営と環境保全の両立に関する実態調査、多

様な宗教をもつ多文化コミュニティーの調査などがある。**学生は、自分が決めた研究テーマに沿って研修プログラムを選び、現地の人びとから学んでいる。**

外国だけではなく、日本国内にもグローバル社会の問題が山積みだ。外国人技能実習生の制度や企業で働く外国人の雇用問題、外国籍の子どもの学校教育など。日本人と外国人が協調するための社会について考えていく必要がある。

統計や調査の知識とスキルも身につける

社会調査やデータ分析にかかわる実習が豊富な点も、国際社会学科の大きな特色だ。学科では、1年次から社会学の基礎知識と考え方を学び、グローバル社会の実態を多角的な観点からつかむ力を養う。実際には、研究テーマにふさわしい文献や統計資料を集めて読み込み、分析するスキルをみがく。**フィールドワーク（実地調査）やアンケート、インタビュー調査などさまざまな社会調査の方法も学んでいくよ。**グループワークが中心なので、ほかの学生と協力しながら課題に取り組む力を養うこともできるんだ。

Q8 国際経済学科では何を学びますか？

世界各国の経済の動きや成長産業の特色を探る

私たちは日々のニュースの中で、海外の主要国や地域の経済成長を示す指標や、農産物の貿易の問題に毎日のようにふれている。ニュースを手に入れることができるスマートフォンやタブレットは、ＩＴ産業のシンボルだ。**国際経済学科は、このような特定の国・地域の経済の動きや、世界をまたぐ成長産業の実態などを、主に経済学の理論や考え方に基づいて探究していく学科だよ。**

1年次ではまず、ミクロとマクロの両面から経済の理論と動向を学ぶ。国際系の学科なので、経済成長を続ける中国やインド、アメリカ・ヨーロッパといった、世界諸国と経済圏の動向も、グローバルな視点から理解していく。ほかにも、外資系ＩＴ企業のビジネスやインターネットによる新しい金融システムの発展といった、近年の国際経済にかかわる問題も、身近な事例をもとに深く勉強できる。

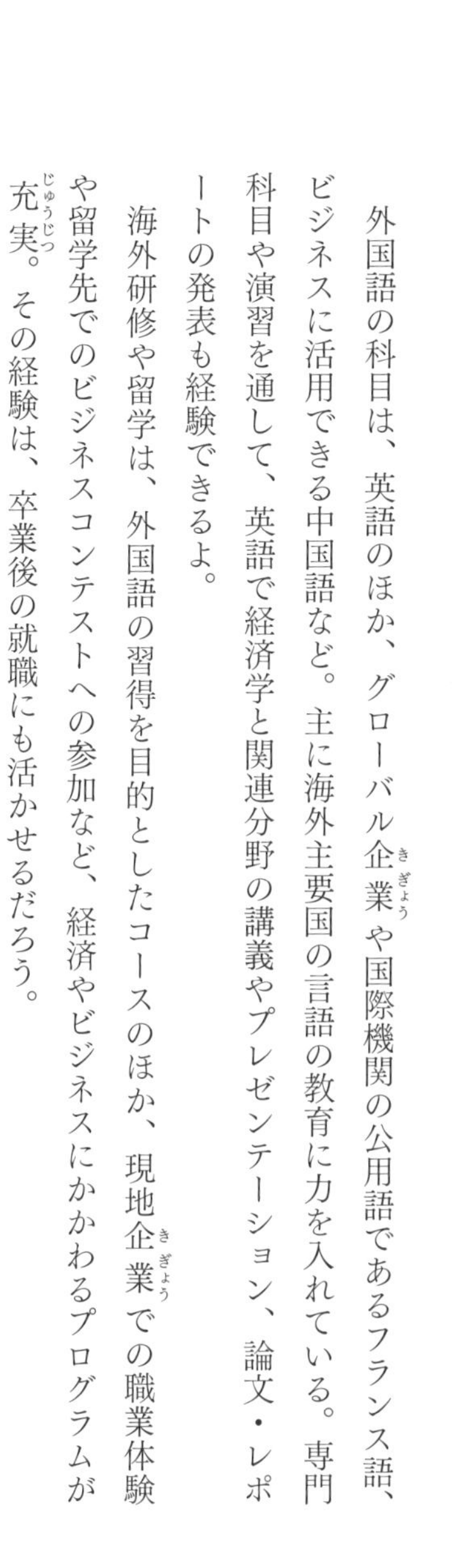

外国語の科目は、英語のほか、グローバル企業や国際機関の公用語であるフランス語、ビジネスに活用できる中国語など。主に海外主要国の言語の教育に力を入れている。専門科目や演習を通して、英語で経済学と関連分野の講義やプレゼンテーション、論文・レポートの発表も経験できるよ。

海外研修や留学は、外国語の習得を目的としたコースのほか、現地企業での職業体験や留学先でのビジネスコンテストへの参加など、経済やビジネスにかかわるプログラムが充実。その経験は、卒業後の就職にも活かせるだろう。

コンピュータスキルとデータ分析にも強くなれる

経済学を中心に学ぶ学科なので、統計学や情報処理に関する学びも含まれているよ。世界各国の経済指標や金融市場の動き、世界を代表する大企業の財務などを、コンピュータを活用して数字で読み解く力も身につくんだ。数字に強い国際人をめざしたい人にはぴったりの学科と言えるだろう。

世界経済の動向を学び、データ分析や情報処理にも強くなれる

Q9 国際経営学科では何を学びますか？

企業の経営課題をグローバルな視点から探究する

私たちがふだん見聞きしているIT・通信や医療、製薬などのグローバル企業は、世界中に拠点を置き、著しい成長を見せている。そこで働く社員たちは、国籍や人種を問わず活躍していて、言語や文化、宗教や価値観、習慣の違いを乗り越えながらビジネスを伸ばしている。みなさんが将来働く時代になっても、グローバルな視点から世界市場の中でさまざまな課題を解決できる人は求められていることだろう。

国際経営学科は、主に経営学やマーケティング、会計、経済学を中心に学び、グローバルな視点からさまざまな企業のビジネスを助けるための専門知識とスキルを養うことができる学科だ。商品やサービスの開発の方法や仕組み、多様な国籍と文化をもつ社員の教育や人事管理など、実際の企業の事例をベースにして、ビジネスマインドとスキルを養うことができる。

アカデミック英語とビジネス英語の両方を習得

グローバルビジネスが世界中に広がり、経営学や経済学の学術研究が欧米圏を中心に活発であることから、経営学などの専門分野を英語で学ぶ科目が豊富だ。企業が直面している経営課題をグループで研究し、プレゼンテーションを行う授業も多く、すべて英語で行うこともある。外国人留学生とグループを組んで、英語で議論できるようになるはずだ。

外国語の科目は、海外の大学で専門分野を学ぶために必要なアカデミック英語や、グローバル企業で通用するビジネス英語など、将来の進路に合わせて選ぶことができる。中国語やスペイン語も同じように、聞く・話す・読む・書くの4技能を高めながら、ビジネス用語を含めた言語力を養うことができるよ。

また海外研修や留学も、現地の企業での職業体験や留学生グループによるビジネスコンテストの発表など、企業の経営に直結した内容が多い。研修や留学をきっかけに、海外で出会った外国人の学生と将来、ビジネスを起こすことができるかもしれない。

グローバルな視点から世界のビジネスの経営課題を探る

Q10 国際観光学科では何を学びますか？

観光業にたずさわる人材を育てる学科

観光に訪れる外国人が急激に増えてきた、現代の日本。観光業は国の重要な産業だ。外国人観光客向けの新しいビジネスがつぎつぎと誕生するとともに、日本と諸外国の人びととの交流や、地域の活性化をうながす産業として期待されている。

国際観光学科での学びは、日本が力を入れている観光業の歴史や考え方、現状といった観光学の基礎をはじめ、社会学や経営学といった社会科学系の科目が中心だ。また、歴史学や地理学、比較文化など、異文化理解を深めるための人文科学系も広く学ぶ。

国や行政の観光プロジェクトや旅行・ホテル業界の新しい事業の企画立案について、演習やインターンシップを通して実践的に学べるのも、大きな特色なんだ。キャビンアテンダントやホテルスタッフといった、観光の業界で活躍する人材養成にも力を入れている。ホテルや旅行会社、航空会社のインターンシップや社員採用試験の対策など、就職のた

めの教育プログラムも多彩だ。実務の基礎から就職活動のノウハウまで身につくので、やりたい仕事が決まっている人には大きな力になるだろう。そのほか、旅行業務取扱管理者（国内・総合・地域限定）やビジネス英語などの資格をめざせる講座もさまざま。海外留学や研修も、観光学や経営学に力を入れている大学での教育プログラムや、現地のホテルやレストランでのインターンシップなど、外国で観光ビジネスや専門職を体験できる。

観光以外の学びや進路も選べる

この学科を選ぶと「学びが観光やビジネスに偏ってしまう」、「就職先が旅行やホテル、航空業界に限られてしまう」と不安になる人がいるかもしれない。しかし、歴史や文化、世界の国・地域の社会についても専門的に学べるので、教員やマスコミなど、観光以外の業界をめざすこともできるよ。また、学科で身につけた企画立案に関する専門知識や新しいアイデアを生み出す力、プレゼンテーション力は、ほかの業界の商品・サービスの開発や営業・販売職にも活かされる。4年間の中で、観光以外の進路も見つけられるはずだよ。

観光にかかわるさまざまな専門分野の知識と職業スキルが身につく

Q11

国際教養学科では何を学びますか？

人文・社会科学を横断的に学び教養と国際感覚を身につける

みなさんは、「リベラル・アーツ」という言葉を聞いたことがあるかな？　日本語で「教養教育」と訳されることが多いのだけれど、教養系といわれる大学の学部・学科は、人文科学や社会科学、自然科学の幅広い学問の科目・カリキュラムのなかから、自分の興味に合うものを選び、３、４年次の専攻を自由に選ぶことができるんだ。

国際教養学科も同じように、ほかの国際系の学科と比べても学びの範囲はとても広く、２年次以降はコースを選択する大学もあれば、複数の専攻を選べる大学もあるよ。

学びの全体の傾向を見ると、異文化理解・コミュニケーションや地域研究、国際政治や経済・ビジネスの両面に力を入れている大学が多いんだ。

外国語教育は、欧米やアジアの主要国の言語のほか、中東や東欧など学べる言語が多いところもあるよ。海外留学・研修は、長期プログラムの履修を必須としているところが

ほとんどだ。大きな特徴として、この学科は外国語による授業がかなり充実しているんだ。学部の共通言語を「英語」と定めて、開講科目のほとんどを英語で行っている学科もある。

また、日本人学生だけではなく外国人留学生が多数在籍しているところが多い。国際教養学科にいながら、いっしょに寮生活をしたり海外の生活を疑似体験できるだろう。

学びの特色が大学によって大きく異なる

幅広く学ぶことで多角的な視点を養い、視野を広げることができる国際教養学科。しかし大学によって教育・研究の特色は大きく違うんだ。

たとえば、国際観光学科のように航空・旅行業界への就職をめざすカリキュラムが充実している、コンピュータ教育に力を入れている、日本語教員をめざすためのコースがある、というように、どの大学も学びの特色を強く打ち出しているので、実際の授業を確認してみることをお勧めするよ。

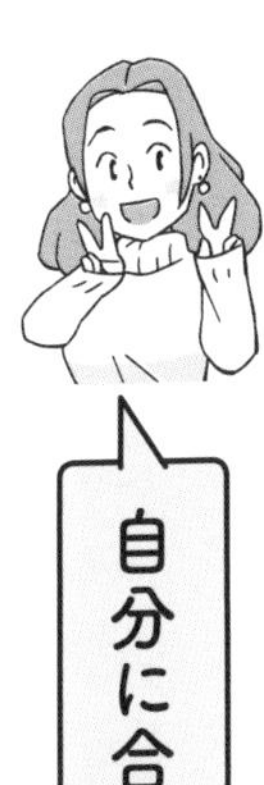

自分に合う専門分野を見つけて深めていく

Q12 国際情報学科では何を学びますか?

世界標準の情報工学の技術を身につける

国際学部というと、みなさんは文系の学部というイメージが強いかもしれない。でも、スマホやパソコンなど私たちの生活には欠かせない情報メディアや、世界の経済活動、交通網(もう)を支える情報通信インフラなど、IT(情報技術)やICT(情報通信技術)と言われる新しいテクノロジーが世界中で発展している。そのような現代社会の流れを受けて、近年、**国際学部の中に情報工学系の専門知識と技術を学べる学科が設けられるようになったんだ。主に「国際情報学部」や「国際情報学科」がそれに当たるけれど、国際教養学部(国際教養学科)などほかの国際系の学科・コースの中で情報工学を学べる場合もあるよ。**

情報工学を学べる国際情報学科の特色は、第一に、英語をはじめ多様な外国語や国際社会にかかわる専門分野の知識が身につくほか、SE(システムエンジニア)やプログラマーといった情報系の技術職をめざすための技術を一から学ぶことができる。学べる技術は、

ハードウェア、ソフトウェアの開発やネットワークの構築、データベースの開発・管理など範囲はとても広いよ。ほかにも、現代社会のＩＴ産業の実態と課題、グローバル社会でのコミュニケーションの多様な手段、メディア上でのモラルやプライバシーなど、情報工学に関連する社会科学系の学びも必須だ。豊富な実習・演習を通して、企業で働くための基礎知識や心がけを学び、情報処理系の資格の取得もめざせる。

海外研修・留学の例をあげると、情報工学系の大学での教育プログラムやアメリカ・シリコンバレーにあるＩＣＴ企業でのインターンシップなど。国内のＩＴ、メディア系の企業でのインターンシップもあり、学科で学んだことを実際に試す機会に恵まれているよ。

メディアやコミュニケーションを学ぶ科目も

この学科ではＩＴ技術職の養成だけではなく、関連分野も幅広く学べる。ウェブサイトやアニメ、ゲーム、映像といった情報メディア系の技術、経営学やビジネス、会計など情報ビジネスに活かせる分野など。外国で情報技術にもビジネスにも強くなれるよ。

国際社会で活かせる情報工学の知識と技術が身につく学科

Q13

国際学部と結びつきやすい学問分野はなんですか？

人文・社会科学系と結びつきやすい

国際学部の学びは、世界のさまざまな国・地域の社会や文化を理解し、世界共通の社会的課題を探り、解決を探る学問。言語や民族の特色、歴史や文化、現代社会のあらゆる事象を学ぶ必要があるため、自然と人文・社会学系の学問分野と結びつきやすいんだ。そして、言語や文化の枠組みを超えて、現在と未来に焦点を当てて学んでいくんだ。

先にも述べたけれど、**この学部と結びつきやすい学びは、世界の貧困や紛争、人種やマイノリティーの社会的地位の問題など世界平和に関する分野や、環境保全や教育学、社会福祉学など自然環境や人口問題にかかわる分野が多いよ。関連する主な学問は政治学や経済学、法学などの社会科学系が中心であり、グローバルな観点から学ぶことになる。**

自分の学びのテーマに合う学問を選ぶ

自分の学びの課題に合う人文・社会科学の学問と関連づけられる

国際学部の学びとその課題は、私たちの日常生活の中にもたくさんあるんだ。日本とほかの国・地域の社会や文化を比較して学ぶことで、事象の本質を探ることができる。具体的な学問分野は、歴史学や社会学、コミュニケーション論、比較文化論といった、人文・社会科学系のさまざまな学問だ。

たとえば、食やファッションの文化の違いや、音楽やスポーツといったレジャーの好みの傾向を、日本と外国とで比べてみる。両方の特徴と違いをあきらかにすることで、世界共通の価値観とは何か、さらには日本とは、日本人とは何かを究明し、国際学部と結びつきやすい学問を幅広く学べる。

もしみなさんが、外国語の勉強にプラスして、興味のある学問分野と関連づけて学びたい、という思いがあったら、国際学部で実現できるチャンスが高いんだ。**国際学部はそれだけ、学べる学問の幅が広い学部。世界に目を向けて、疑問に思ったことや究めたいことを学びのテーマにして、４年間かけて言語スキルをみがき、関連する学問を選んで深く、広く学ぶことができるよ。**

国際社会の課題に目を向け考え続ける人になってほしい

東京外国語大学
国際社会学部　教授
真島一郎さん

専門は文化人類学。学生時代に西アフリカ・コートジボワールの熱帯雨林の村を訪れ、住み込みで現地の生業や慣習などを研究。リベリア内戦を経験したことを機に、内戦における政治問題、戦争難民に関する書籍の翻訳など、文化人類学の枠を超えた研究活動にたずさわってきた。

国際職業人を育成する学部

東京外国語大学（東京外大）の国際社会学部は、世界に興味をもったり、世界で働きたいという学生を国際職業人に育成することをめざしています。

たとえば大学を卒業した後、グローバル企業に勤め、海外支社への異動が決まったとします。その時は、インターネットで現地情報を調べたり、日常会話の入門書を読んで表面的な会話を覚えたりするでしょう。

しかしそれだけで、その地域で生きる人がどういう生活をしてどういう問題をかかえているのか、理解することができるでしょうか。現地の社員や地域住民と、率直な思いを交わし合うことができるでしょうか。

国際社会学部では、入学するとまず言語と

教員インタビュー

地域をしっかりと学びます。その上で経済学や国際政治学、さらにLGBTや人種差別、暴力、ジェンダー論といった世界の社会的課題など、学生自身の関心や将来の進路を見据えた専門分野を学びます。卒業までの学びが2段構えになっているのが、大きな特色です。

言語を一から徹底的に修得

東京外大で学べる言語は幅広く、27言語から選択できます。修得する言語について、卒業までに目標とする能力レベルは、英検にたとえると1級程度。とても高度です。

英語以外の言語を専攻することになると、多くの学生は、はじめてふれる文字や単語を一から学びます。4年間で1級レベルをめざすとなると、1年次からかなり勉強することになります。学生は大きな負担を感じるかもしれませんが、みっちり言語を学ぶと、留学した時に現地の授業や日常生活において言葉に困ることがありません。より充実した留学生活を送ることができるのです。

また、国際社会学部では、3年次からコース制を設けており、ゼミにも所属します。関心のある地域を掘り下げて学ぶ「地域社会研究コース」、地球環境やジェンダー、人種の問題など世界の課題を横断的に探求する「現代世界論コース」、国際政治学や経済学、開発など国際社会を学ぶ「国際関係コース」の3種類。どのような関心をもつ学生でも選べるようにカリキュラムを編成しています。

コースは2年次の春に選択します。1年次で「自分はいったい何に興味があるのか、自分は何者なのか」という自己への問いを意識してもらい、学びの目標とコースを定めます。

「入学して1年で3年次のコースを決めるのは早い」と感じられるかもしれません。しかし、そうすることで、2年次の履修が3年次に向けた準備期間になり、卒業までの学びの目標や履修計画を明確にできます。

多くの学生が海外留学へ

東京外大では、学生に留学を強く勧めています。言語を理解して活用する能力を高めるだけではなく、言語の先にいる「生身の人間」と出会い、深く理解しようとする姿勢を大事にしてほしいからです。留学は、世界の動きを実際に感じ取るためにも大切です。学生の内面が変わり、将来の進路を決める機会にもなります。

一方でキャンパスの中でも、数多くの外国人留学生が学んでおり、日本人学生との交流は活発です。香港で市民デモが発生した時は、言語の枠を超えて多くの学生がひとつの教室に集まり、議論が白熱しました。異文化理解の大切さとともに、共存する難しさを学生たちは身近に体験しています。

西アフリカの社会、文化を長年研究

私の研究分野は文化人類学で、主に西アフリカ・コートジボワールの社会や文化を探究してきました。コートジボワールの国境にある村に2年間住み込み、現地の生業、人びとの習慣や風習を調査したこともあります。現地ではリベリア内戦にともない、国境を越えて多くの難民が村に押し寄せてくる経験もしました。異文化の人間がともに生きる場でも、対立が否応なく続く可能性があること、社会の秩序に限界があることに直面しました。

教員インタビュー

帰国後は、「リベリア内戦の展開」という論文を執筆。内戦をテーマにした論文は、政治学や地域研究の研究者が書くのが通例でしたが、文化人類学者でも政治に関する論文を発表してもいいのではないかと考えたのです。

現在は現代世界論コースのゼミを担当していますが、学生には文化人類学に限らず、どんな学問領域のどのテーマでもよいと伝えています。今の世界と自分の立ち位置を念頭に置いて、問いを掘り下げてほしいからです。

多岐にわたる卒業後の進路

東京外大の国際社会学部では、言語に直接かかわる職業や業界に限らず、卒業後の進路は多岐にわたり、特に製造業に就職する学生がとても多く見られます。

ひと口に製造業といっても、自動車や建設のような基幹産業から、ＩＴにかかわる成長産業まで多岐にわたります。国際社会学部の卒業生が多くの企業から求められているのは、企業の製品やサービスを世界に発信し、事業拡張していくための即戦力です。外務省などの国の行政職、ＪＩＣＡの職員など、世界にかかわるあらゆる分野でも活躍しています。

卒業生は高度な言語能力だけではなく、新しい言語を一から学び、現地を深く理解する能力、スキルを備えています。ですから、長い人生の中で急に海外で働くことになっても、順応できる人が多いようです。

国際系の学部に限りませんが、大学に進学する時には、「何かを考えたい」という純粋な思いを大切にしてほしいです。世界で今起こっていることに目を向けて、すぐに答えを出そうとせず考え続けてほしいと思います。

日本と世界をつなぐ国際人を育てる学部

明治大学
国際日本学部　教授
鈴木賢志さん

スウェーデンで約10年間、政治社会学を専門として研究活動に専念した後、明治大学の教員に。現在は主にスウェーデンと日本を比較して、政治制度などの社会システムの在り方を追究。特に若者の政治意識と政治教育に目を向けている。

取材先提供

日本を軸に世界を学ぶ学部

明治大学の国際日本学部は、２０２０年に開設13年目を迎えました。全国的にもめずらしく、比較的新しいこの学部のコンセプトは、「日本と世界をつなぐ」。高校生からよく「国際系の学部なのか、それとも日本を学ぶ学部なのか」と尋ねられることがありますが、国際日本学部の学びの領域は日本と世界の両方を対象としており、実に幅広く多彩です。

たとえば、クールジャパンのような日本独特の文化、社会のシステム、メディアやビジネスなど日本を対象にした領域もありますし、多文化共生や移民問題など、世界の国や地域の課題にも目を向けます。

国際日本学部の学生は、このような多様な専門分野に幅広くふれながら、自由に組み合わせることによって、みずから研究課題を見出し、学びに取り組んでいます。

一例をあげると、「日本のマンガやアニメは、なぜ海外でもヒットするのか」。このテーマに対して国際日本学部では、日本固有のポップカルチャーだけに焦点を当てるのではなく、アメリカのディズニーとの比較など、異文化の視点を加えて追究します。それが将来、日本と世界をつなぐ人になるために必要な、課題に対する目線なのです。

入学時に専攻を絞らないので、英語をどう活用したいのか、何を学びたいのか定まらない学生も、4年間の学びの中で発見し、自分らしい学びを実現させています。ある学生は日本のアニメやマンガが好きで、関連分野を幅広く学んでいるうちに、作品の舞台をめぐる「聖地巡礼」のツーリズムに興味をもち、旅行のコーディネートを提案するようになりました。このように、学びの興味を広げるとともに、英語能力を活かして、日本のポップカルチャーを世界に発信することも可能になるのです。

1年次に英語力が飛躍する

国際日本学部の英語教育は、1年次に必修科目が6コマあり、一クラス約20人の少人数制と、入学時から充実しています。ネイティブスピーカーを多く含む専門の教員が授業を担当します。

2年次の後期に、アメリカ・フロリダ州立大学と連携したウォルト・ディズニー・ワールドへの海外留学が始まります。申し込みは1年次の冬に行われるため、希望者はそれまでにTOEFLの所定スコアを取得しなければなりません。ですから、入学してすぐに、留学を視野に入れた英語学習に集中します。

学部には英語の得意な学生が多く、大学入試の段階ですでに外国語能力の国際標準であるCEFRのB2（英検準1級程度）レベルに達している学生も少なくありません。英語に自信がない学生もいますが、まわりの得意な学生の刺激を受けてがむしゃらにがんばるため、どの学生も英語力が1年次の半年でぐんと上がっています。

実際、学部のTOEICの平均スコアが2年次の修了時点で710点、TOEFLは63点に達しています。ウォルト・ディズニーへの留学要件が61点なので、多くの学生が1年次の段階で留学に十分挑戦できるまで力を伸ばしているのです。

また、英語のみの授業を行う専門科目やカリキュラムが多いのも、学部の特色です。海外からの留学生が多く、「イングリッシュ・トラック」という、英語による授業のみで単位を取得できる制度を利用している学生もいるため、学生たちは専門分野の学びと英語能力の両方を、ふだんの授業から高めることができます。

日本社会のシステムを比較研究

私は現在、日本の政治や社会のシステムについて、主にスウェーデンを中心に他国と比較しながら研究しています。

近年特に注目している課題は、日本の若者の政治意識、政治教育です。日本では18歳から選挙権が与えられるようになったものの、よく理解できないまま投票する若者が少なくないと思います。

一方、スウェーデンでは、学校での政治活動が認められており、政党の代表者が高校を実際に訪ねて演説することもめずらしくありません。若者が学校生活の中で政治を身近に感じ、自分で考える機会が数多くあります。

日本の若者の政治参加をうながすために、単にスウェーデンなど外国の制度を採用するのではなく、社会や文化の違いなど日本と世界を多面的にとらえた上で、日本に適した在り方を追究する必要があります。

学生にもこのように、自分の研究課題に対して「日本目線」を軸に置きながら、世界との比較や多分野からの観点をもって学んでほしいと思います。

卒業後の進路も世界を舞台に

国際日本学部の多くの卒業生は、航空や旅行、商社など、英語能力を発揮しながら「日本と世界をつなぐ」業種に進んでいます。ほかにも、外国人スタッフと仕事をしているシステムエンジニア、在日外国人の子どもも教える学校の英語教員など、学部での学びを活かしながら、自分の資質や意志に合う進路を歩んでいます。

2020年のコロナ危機では、社会のさまざまな問題が浮き彫りとなりました。しかし、国際系の学部で学ぶ学生には、むしろチャンスだと私は考えています。国際社会がばらばらになりつつありますが、グローバル化が進展した現代では完全には離反できず、今こそつながらなければなりません。

国際日本学部の学生には今後、その「つなぎ役」として、日本と世界で活躍してほしいと思います。

3章

国際学部のキャンパスライフを教えてください

Q14

国際学部ならではの授業はありますか？

外国語の4技能を体験的に身につける授業が充実

国際学部では、将来どのような分野を専攻するにしても、まず外国語をしっかり身につけることが求められる。主な外国語は英語だが、フランス語や中国語など、第二外国語を必須とする大学もある。そして、どの外国語を選ぶにしても、「聞く、話す、読む、書く」の4技能をバランスよく高めていくんだ。

またこの学部では、外国語を使って自分の考えを表現する授業にも力を入れているんだ。みなさんは中学校や高校の英語の授業で、あいさつや日常会話の勉強をしていると思う。なかには、英語によるスピーチや作文のコンテストに挑戦したことがある人もいるだろう。しかし、大学では英語を使って自分を伝える、相手を理解するための授業がぐんとパワーアップする。

国際学部では、演習やゼミ（研究室）で、外国語によるグループディスカッションやデ

イベートにも力を入れている。あるテーマについて、論理的にわかりやすく説明したり、問題の核心を見出して解決するための方法を話し合ったりするなど、高度なコミュニケーションスキルをみがいていく。このような、特にビジネスの世界で必要とされる「ロジカルシンキング」という思考法を、国際学部では英語で学ぶことができるんだ。

ネイティブや外国人留学生といっしょに学ぶ授業が多い

この学部には、外国語を母語とするネイティブ教員がたくさん在籍している。特に、スピーキングの授業はネイティブ教員が担当する。外国語の発音やリズムを体で覚え、言語の背景にある社会や文化も理解しながら、スピーキングとリスニングの能力を高めていく。

また、多くの大学では外国人留学生がたくさん在籍していて、国際政治や経済、比較文化などの専門科目を留学生といっしょに学ぶ。また、学外での演習や研修でグループワークを体験することも多く、コミュニケーション能力を高め、研究課題をより充実させることができる。

たとえば、国際観光学科のゼミの活動として、学内で異文化体験のイベントを企画・運営することになったとしよう。言葉も文化も異なる留学生といっしょに取り組むことで、日本人の感覚にはない斬新なアイデアが生まれ、イベントをよりよいものにすることもできるんだ。

専門分野を外国語と日本語の両方で学ぶ

国際学部は、どの学科でも異文化理解を深め、世界共通の社会的な課題を考えることを重視している。**だから、専門科目の授業が、日本語と英語（外国語）のそれぞれに設けられていることが、この学部では多く見られるんだ。**

たとえば「異文化コミュニケーション」という専門科目が、英語による講義と日本語による講義の2科目に分かれていることがある。日本と外国語の両方から学ぶことで、専門分野の知識と理解を、より深めることができるんだ。

また、日本の代表的な美意識に、「わび・さび」がある。茶道などに見られる日本固有の精神文化だけど、それを外国語でどのように表現するか。国際学部では、日本語と他言語を学ぶことで、おたがいを理解するための表現を探ることができる。

海外留学は専門分野を外国語で学ぶプログラムが充実

先にふれた通り、国際学部は、専門分野を英語や第二外国語で学ぶのがあたりまえ。だから、海外研修や留学のプログラムも、外国語の能力を高めるためだけではなく、自分の専攻に合ったものを選ぶことができるよ。

国際学部の専門科目で学びたい分野の基礎知識を習い、海外の大学に留学してさらに専門性を高めることができるんだ。現地の企業やNPO（民間非営利団体）でのインターンシップ、学校や福祉施設、地域でのボランティア活動など、卒業後の進路を意識しながら学びの機会を自由に得ることができる。

外国語による論文の執筆や研究発表もある

近年、ITをはじめとするグローバルビジネスでも重視されているのが、ライティング能力だ。**国際学部でも、英語のレポートや論文を書く力を1年次から段階的に身につけていく。英語によるプレゼンテーションの授業でも、配布する資料などは英語でまとめることになる。**スピーキングに加えてますます必要になるだろう。

このように、国際学部で身につけた外国語を活用する能力と専門分野の知識・スキルは、将来、グローバル化の進む社会で生きていくための基礎になるはずだ。

外国語の4技能を高め、専門分野を外国語で学ぶことができる

Q15 国際学部ならではの授業外活動はありますか？

国際学会やシンポジウムに参加する

国際学部だけに限らないけれど、**大学には国際学会やシンポジウムといった、世界中の研究者や学生が集まり研究を発表する場がたくさんある。学生個人またはゼミなどのグループで参加できるイベントで、大勢の海外の学生と研究者の前でプレゼンテーションを行い、質問に受け答えしたりする。**その後、懇親会などを通して外国の学生や先生と打ち解けることもできるだろう。

この学部は、専門分野の講義や実習を英語で行う授業が多く、論文の執筆やプレゼンテーションを英語で行うためのスキルも段階的に学べるなど、英語による研究発表のための学習環境にとても恵まれている。このような国際的な学術イベントにも、挑戦しやすいだろう。

さまざまな外国語を学ぶサークルも多い

この学部は外国語教育に力を入れているので、言語そのものを学ぶサークルや研究会も多いんだ。

特に外国語学系の大学のなかには、何十種類もの外国語の科目・コースを設けているところがあり、国際学部の学生も履修できるけれど、大学によっては、学べる外国語が英語と2、3の多言語に限られている場合がある。そこで学生たちは、サークルや研究会をつくって学部の科目にない外国語を自主的に勉強している。

学んだ外国語を活かして、作品やパフォーマンスを発表する活動もさかんだ。内容は海外文学の翻訳や朗読会、外国の民族音楽や舞踊など。日本語や日本の伝統文化、アニメやマンガなどのポップカルチャーを外国語で紹介するサークルもある。

在日外国人を支えるためのボランティアも

国際学部の学生が参加しているボランティアも、外国語を活かした活動を中心にいろいろあるよ。

代表的な活動は、小学校や学童クラブで英語を教えるボランティアだ。また、特に工場で働く人や実習生など外国人の多い地域であれば、日本語の理解が難しい外国人に生活情報を伝える通訳ボランティアがある。言語は英語のほか、中国語や韓国語、ポルトガル語、ベトナム語など。その国の文化をよく理解し、外国語も堪能な国際学部の学生は、彼らにとって大きな支えになるはずだ。

在日外国人のための災害ボランティアに力を入れている自治体も、近年は増えてきているようだ。地震や台風の多い日本で暮らす外国人は、日頃の備えや非常時の避難についての情報が不足しやすい。行政のボランティア団体に所属して、災害時に参加することができる。

インターンシップやアルバイトで外国語能力を活かす

外国語学部や教養学部でも同じことが言えるけれど、国際学部の学生は、外国語を活かせるアルバイトやインターンシップにも積極的に挑戦しているよ。

定番のアルバイトやインターンシップは、学習塾や大学予備校での英語の講師。しかし企業の事務として、海外のお客さんからのメールや電話に英語で応対したり、英文の書類を作成したりする仕事もある。

観光の分野でも活躍の場がたくさんあるよ。ホテルや旅館、ゲストハウスといった宿泊施設やカフェやレストランなどの飲食店、アミューズメントパークなどで外国語による接客を経験できる。

そのほか、スポーツの国際大会や大規模な国際的ビジネスの見本市などで、観客や来場者などに対して英語で案内するアルバイトの募集が多い。国際学部の学生が得意とする仕事だ。

このような国際学部の学生を対象にした募集を知るには、学部独自のホームページや事務所の掲示板、大学のキャリアセンターなど、いろいろな方法があるよ。

特に海外で何か経験したい人は、学部の先生や先輩、ＴＡ（ティーチングアシスタント）、海外留学を支援する学内の国際教育センターに相談することがお勧めだ。

この学部では、外国語や専門分野の学びの中で、人や社会との多様なコミュニケーションが自然に生まれやすい。授業外活動でも、自分らしい生き方や働き方を見つける貴重なきっかけになるはずだよ。

外国語の能力と専門分野の知識を活かせる活動に参加できる

Q16 この学部ではどんな人や世界にふれることができますか？

海外の学生や教員から異なる価値観や文化にふれられる

国際学部には、ほかの学部に比べて外国人留学生や外国語のネイティブ教員がとても多い。出会いの場は授業だけではなく、サークルや部活動などの課外活動、食堂やラウンジ、学生寮といった共同施設などたくさんある。キャンパス内を歩いているだけでも、たくさんの外国人とすれ違うかもしれない。

大学にもよるけれど、外国の留学生や教員の人種や民族、国籍は、みなさんが思っている以上に多様だ。**アメリカやイギリス、中国や韓国、台湾といった訪日観光客も多い国・地域だけではない。ベトナムやインドネシア、インドやバングラデシュといったアジア諸国、さらには中東、アフリカ圏からも留学生や教員が集まってくる。**

外国の学生や教員との対話を通して、母語の違いはもちろんのこと、あいさつやマナー、ファッションや食生活、家族や友人との関係づくり、学びや働くことについての考え方な

ど、日本とはまったく異なる価値観や文化をもっていることに気付く。

留学生から学ぶ文化の大きな違い(ちが)のひとつに、宗教がある。イスラム教の留学生の食事や礼拝など、日本にはない慣習を教えてもらうことで、インターネットや本でしか知らなかったこと、書かれていないことを学ぶことができる。

対話をする中で、どうしても理解し合えず、時には対立することもあるかもしれない。しかし、理解するために努力するという経験は、これからグローバル社会で生きていく中で、偏見(へんけん)を極力なくして信頼(しんらい)関係をつくるという点でプラスになる。日本人同士でもあてはまることだけれど、おたがいを尊重するためのコミュニケーション上の適度な距離感(きょりかん)は、実際の対話でしか得られないことだろう。

生活の中で現代に生きている言語にふれられる

この本を読んでいるみなさんは、英語が得意な人、好きな人が多いと思う。しかし、国際学部に進学した先輩(せんぱい)の話を聞いてみると、得意だった英語が留学先でうまく使えなかった、現地のネイティブの発音が聞き取れなくてショックだった、という失敗談をよく聞く。

特に英語は、いくら共通語とされていても、国・地域によって発音や表現が大きく異なるし、その国独自の言葉や訛り(なま)もある。学校の授業や検定試験の勉強で学んだ英語が、外国では100パーセント通用するとは限らないのだ。

しかし、その学校で勉強した英語の土台があるからこそ、**海外留学や学内の留学生との交流を経験して、現代を生きる上で必要な英語力を身につけることができるんだ。**

またこの学部では、英語の教科書ではなかなか理解できない、言語にちなんだ文化の違いを体感できるよ。たとえば、アメリカでは日本と同じようにサッカーのことをsoccerと表現するけれど、発祥の地であるイギリスではfootball。イギリスの人とサッカーの話をする時、「football」を使わないと不快に思われたり、まれに怒られたりすることがある。SNSでもこのような言葉と文化の違いを知ることができるけれど、海外留学や留学生との交流の中で体験するほうが、強い記憶として残る。

国際学部の先輩たちは、このような言語文化の新し

い発見を楽しみながら吸収しているよ。

世界基準の能力を備えた職業人に会える

国際学部の学生の卒業後の進路はとても幅広い。**4章でくわしくふれるけれど、国際関係や金融、経営やビジネスといった職業に直結した専門分野を外国語で学んだ人が多いため、さまざまな業界や企業で、世界で通用する専門職に就いている人もいる。**たとえば、海外に事業所や工場のあるグローバル企業に就職して、現地の外国人スタッフといっしょに製品の生産現場で働いている人、商品・サービスをたくさん売るために現地で営業活動をする人がいる。会社の財務や経営、人事など日本と外国とでは法律が異なるため、双方の国の法律の知識を活かした仕事をしている人もいる。

このように、国際学部で学んだことを海外での仕事に活かしている先輩から、就職活動などを通して出会うことができる。みなさんには、これから大学で学び、経験することをどう自分の将来に活かしていくか、考えるチャンスがたくさんあるよ。

外国の留学生や教員、世界で活躍する国際学部の先輩と出会える

Q17 国際学部の学生の一日を教えてください

大学は学生自身が学びの目標を立てて、それにふさわしい時間割をつくり、計画的に学ぶところ。科目は、大きく分けてどの学生も履修しなければならない「必修科目」と、自由に選べる「選択科目」の2種類があり、卒業までに必要な単位数以上の科目を履修する。

時間割は2年次までびっしり

国際学部は、マスターするまでに時間のかかる外国語と人文・社会科学系の幅広い専門分野を究めていく学部。学びの範囲が広く、言語学習や研究活動、さらには海外留学と学びの時間も多いため、1、2年次の時間割は、毎日のように1時限目から最終時限まで埋まることが多いよ。

1時限目の授業からスタートして、授業のない空き時間は図書館や自習室、ラウンジなどで予習や復習をする。演習やゼミでのグループワークも多く、メンバーといっしょに勉

強することも多い。

食事や休憩の時間は留学生に日本語を教え、その代わり外国語を教えてもらっているという先輩も多い。キャンパスでの生活すべてが、学びにつながっているんだ。

授業が終わった後も、多くの学生は授業の課題やレポート、論文の執筆、外国語の検定試験の勉強など、さまざまな勉強をしているよ。

履修計画とのバランスが大事

ほかの学部と同じように、国際学部の多くの学生は、サークルや部活動などの課外活動に積極的に参加している。サークルや部活動は、文化系の団体は週1〜

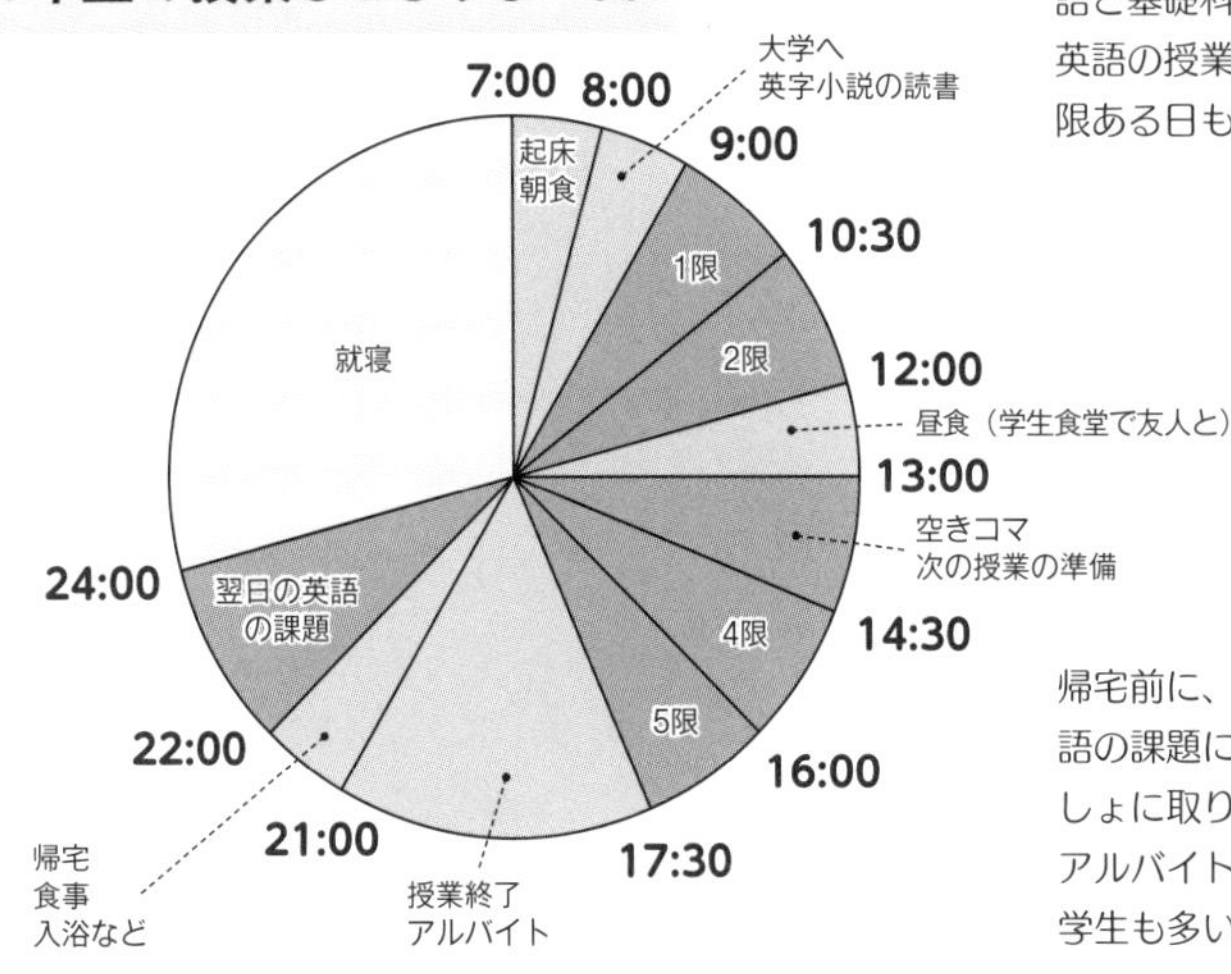

3回の活動が多いけれど、体育会系はメンバーの個人練習を含めて活動時間が多い。授業の前や放課後に練習して、休日に試合や大会に参加することもある。

アルバイトをしている学生も多い。授業のない日や放課後、休日に働く時間をつくっている。**仕事の内容は、英語を教える学習塾の講師や大学予備校のチューター、家庭教師といった英語力を活かせる仕事が人気だ。**また外国語を少しでもマスターするために、外国人の多い飲食店の接客業など語学力を活かせるアルバイトを選んでいる人も多い。

しかし、大学の勉強は忙しいので、課外活動への参加やアルバイトは、時間や体調に無理のない範囲にとどめておこう。

3年生の充実した一日

自宅での勉強時間も大切。寝る前にレポートや論文の執筆に集中する人も。

授業は専門科目と演習（ゼミ）が中心。空き時間はグループワークやプレゼンテーションの準備に使える。

8:30 起床 朝食 大学へ
10:30 2限
12:00 昼食
13:00 3限
14:30 4限
16:00 授業終了 サークルや部活動
21:00 帰宅 食事 入浴など
22:00 授業の課題などの勉強
24:00 就寝

留学と卒業論文、就職活動に専念

国際学部の学生は、2年次までに卒業に必要な科目の多くを履修し終えるのが一般的。3、4年次の時間割には空きができるけれど、自由に使える時間が増える分、時間の使い方や生活リズムの管理が重要になる。履修計画をしっかり立てて、卒業までに必要な単位、またそれ以上を確実に取ろう。

留学先では、大学の授業と予習・復習で一日の大半を過ごすことになる。現地の学生と課外活動に参加したり、ホームステイ先の家族と交流する時間もある。生活の大半が、生きた学びにつながるだろう。

就職活動が本格的に始まるのは3年次から。内容は、大学や学部が主催する就職プログラムや学内外で行われる企業説明会。学部やキャリアセンターが必要な情報を教えてくれたり、相談を受けたりしてくれる。企業でのインターンシップや採用選考が少しずつ増えるにつれて、キャンパス外での活動が多くなるよ。

Q18 入学から卒業までの流れを教えてください

1、2年次は多様な基礎、応用科目を履修する

国際学部に限らないけれど、大学での学びは中学校や高校の時に比べてがらっと変わる。Q17でもふれたように、大学は、学びの目標を自分で決めて計画的に授業を履修し、卒業に向けて進路を定めていくところだ。特に国際学部は、外国語と専門分野の両方をしっかり学ばなければならない。

外国語については、1年次から英語と第二外国語の両方の必修、選択科目を選ぶ。加えて、国際政治や経済、法学、経営学やビジネススキル、歴史や比較文化、社会学など、国際系の学びに必要な人文・社会科学の基礎と応用を2年次までに幅広く学ぶ。1年次が終わるまでに専門的に学ぶ分野を絞り、2年次に専攻するコース、3年次にゼミ（研究室）に入り、専門知識と研究をじっくり深めていく。

英語などの中学校・高等学校の教員免許を取りたい人は、1年次から教職課程を選ぶの

で、履修（りしゅう）する科目がさらに増えるよ。

1年次から外国語の勉強と留学の準備が本格化

多くの国際学部では、1年次に短期の海外研修に参加することになっている。入学するとすぐに、海外研修のプログラムが始まり、大学全体または国際学部の共通講座になっていることが多い。

その内容は、オリエンテーションに始まり、研修先の国や都市についての基礎（きそ）知識を学ぶ講義、研究課題についての事前調査、現地で滞在（たいざい）するにあたっての注意事項（じこう）と持ち物の準備へと進む。そして、実際に研修先に赴（おもむ）き、現地調査をグループで行う。帰国後は、グループでふり返り学習を行い、研究発表を行う。大学ではじめて海外で学ぶ人にとっては、一から準備と学習ができるので安心だ。

国際学部の学生にとって、もっとも大切な学びのひとつが、通常2年次から始まる海外留学だ。しかし、誰（だれ）でも第一希望の留学先に行けるわけではない。

多くの場合、まずプログラムに参加するための英語のレベルが課される。1年次の所定の期日までに、IELTSやTOEFLなどの英語の検定を受けて、決められたスコアを取らなければならない。

また、多くの大学では海外の提携校との交換留学制度を設けている。留学期間は6カ月または1年間だ。この留学は卒業単位として認められ、4年で卒業できるというメリットがある。

大学の留学制度に行きたい国・地域が含まれていない、希望の大学がないという人は、留学紹介機関などを利用して個人で留学するという方法がある。大学の制度を利用しない個人での留学は、原則として大学の科目を履修できないため、単位が取れなくなる。つまり、卒業までに必要な単位数が足りず、留年する可能性があることも注意しておきたい。

入学から卒業まで

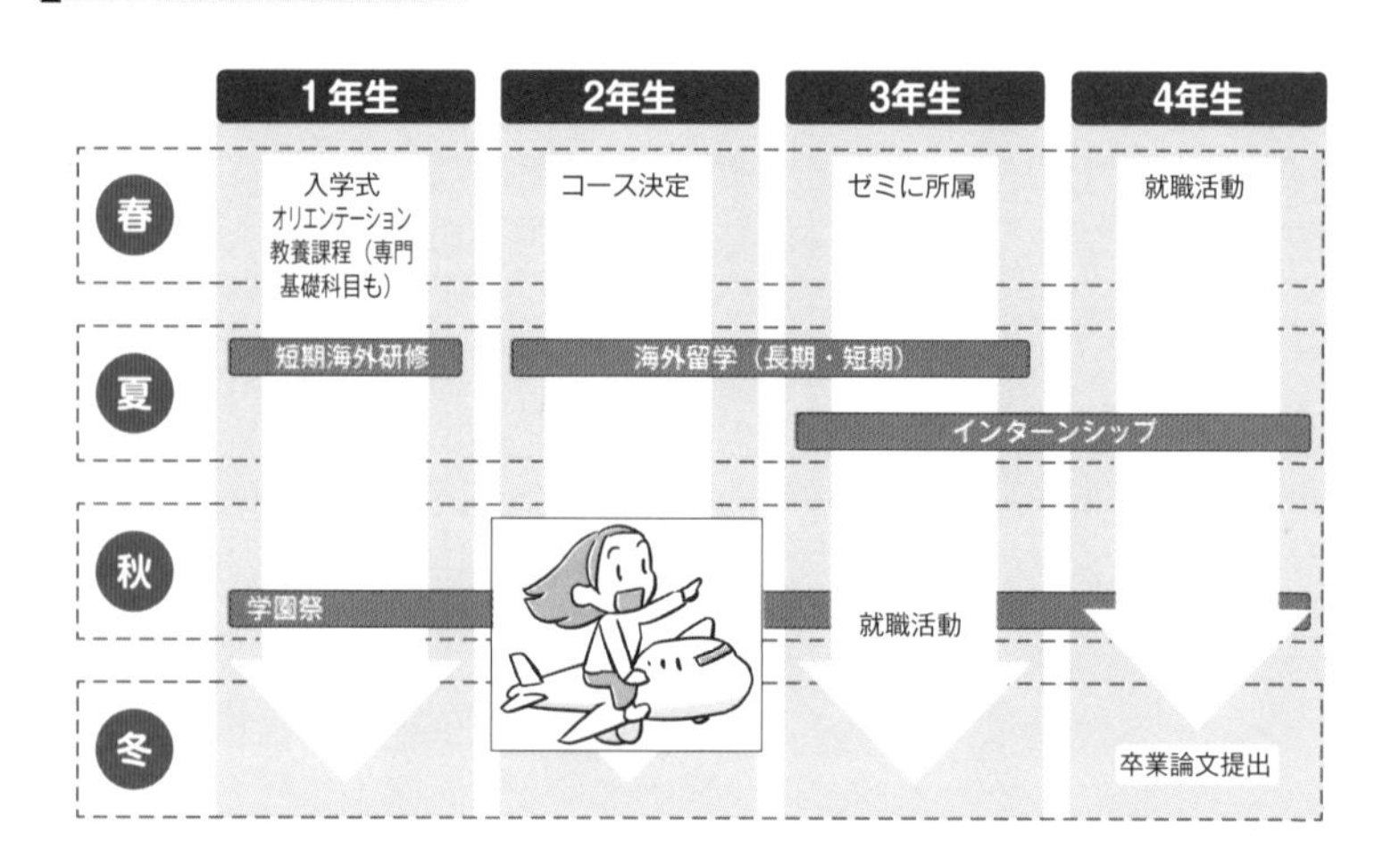

課外活動が充実し、就職活動にも力を入れる

学内のサークルや部活動などに参加する学生は、3年次にその団体のまとめ役になることが多い。自分の役割を果たしながら、活動を充実させることができる時期だ。

就職活動が始まるのも3年次から。大学や学部の就職プログラムを受ける、キャリアセンターで就職活動の相談を受ける、企業のインターンシップに参加するなど、大学での授業以外の活動がぐんと増える。卒業後の進路を見据えながら、自分の学びと就職活動を両立させていく必要があるよ。

海外留学を中心に、学びの目標を定めて計画的に履修する

国や言語の枠を超えて世界を知ることが大切

東京外国語大学
国際社会学部中央アジア専攻　4年生
下村莉央さん

千葉県の実家から東京都府中市のキャンパスまで、毎日２時間かけて通学。ロシア連邦の共和国のひとつであるカルムイク共和国への留学が大きな転機となる。課外活動では合唱団に所属し、外国語の作品の合唱にも挑戦！

ロシアの言語と文化に興味がわいた

高校生の時、ニュージーランドの語学研修に参加しました。日本から離れて2週間現地の人びとと交流することで、異文化への興味がわき、自然と英語が得意になりました。一方で、ロシア語の通訳者・作家でもある米原万理さんの本を読み、ロシア語とその文化圏に強くひかれました。

さまざまな大学を調べ、高校1年生で東京外国語大学の学園祭に参加。温かく接してくださった先輩たちが心に残り、多様な言語と背景にある社会、文化を学べることを肌で感じた国際社会学部を志望しました。

大学で外国語を学ぶということ

大学では1年次からロシア語を専攻したか

ったのですが希望がかなわず、隣国のモンゴル語を選択。毎日1～2コマ・週5日と、新しい言語を文法からみっちり学びました。また、西モンゴル地域出身の先生から、言語の成り立ちや地域による言葉の違い、歴史や文化の背景を深く学びました。単に外国語のスキルを習得するのではなく、その背景にある社会や文化を、国や民族などの枠組みを超えて学ぶことができるのです。

特に印象に残った授業は、ロシア、ラテンアメリカなどの世界の諸地域を専門とする先生による、リレー形式の講義です。講義のテーマは映画や文学、社会問題などさまざまで、その国や地域の言葉や文学、社会に注目し、独自性や普遍性などを考察します。また、日本の文学や文化と比較し、多角的な視点を養うこともできました。

ロシア文学の講義では、ロシア語の原文と複数の日本語訳を比較し、訳者の言葉遣いや表現の特徴などによって読み手に与える印象が変わることにも気付きました。言葉で人に伝えることは奥が深く、表現の可能性は常に広がっています。

ほかにも、黒海の周辺地域で多発する紛争やまだ認められていない小国家の宗教問題や政治など、日本ではあまり知られていない国際問題についても学ぶことができ、ロシア周辺国への興味がますます広がりました。

カルムイク共和国の大学へ留学

2年次から留学のための情報収集を始めて周辺国にも目を向けたところ、ロシア連邦の共和国のひとつでありながらモンゴル系の人びとが暮らすカルムイク共和国に強い興味をもちました。この国の大学に日本人学生が留学することはとてもめずらしいですが、日本人が少ないからこそ挑戦のしがいがあります。

留学先ではまず、大学付属の語学学校でロシア語の授業を受けました。一クラス13人の少人数制で、学生は中国のモンゴル自治区や新疆ウイグル自治区、モロッコなどから来ていました。日本では会うことが少ない国の学生との交流は、とても貴重でした。

在学中には、ドンブラという遊牧民族の楽器の演奏にも挑戦しました。教えてくださる先生の家を訪ねた時、お母さまが料理を振る舞い歓迎してくれて、うれしかったです。

現地は親切な方が多く、地域のイベントにも積極的に参加。立場や文化の違いを理解した上でどこまで本音を語るかなど、人との距離の取り方を自然に体得できました。

外国語で考え、発信する力も養う

大学では、外国語のスキルを身につけるだけではなく、考えたことを論じたり、発信したりする力も養います。1年次の授業では早々にプレゼンテーションの基礎を学びましたが、英語を得意とする帰国子女の学生との語学力の差を痛感。英語でものごとを考え、発表する難しさを感じました。

3年次のゼミでは、自分と異なる言語を専攻する学生も交えて、日本を含む世界の国や地域の社会課題について専門書を読んで、議論しました。また、留学前に研究テーマを検討し、帰国後の4年次で1万字程度の論文執筆に取り組みました。先生から指導を受けながら、みずからの考えを突き詰め、論述する力を高めました。

学生インタビュー

合唱団の練習のひとコマ　取材先撮影

大学生活を充実させるために

国際社会学部では、言語スキルの習得にとらわれすぎず、まず自分の心にピンとくる国や地域を見つけて深く学ぶことが大切だと思います。そしてほかの国や地域にも興味を広げていくことで、世界が国や言語の枠を超えてつながっていることを知ることができます。私はロシアへのあこがれから始まり、大学でモンゴル、カルムイク共和国と、学びの対象を広げて深めることができました。

課外活動も大学生活を充実させるよい機会です。私は学内の合唱団に所属し、ハンガリー語など外国の合唱曲も経験。大学での学びと音楽活動が結びつきました。今後は大学院に進学し、高校時代にあこがれたロシア語やロシア文学の研究に挑戦したいです。

留学生が半分を占める大学で異文化とビジネスをともに学ぶ

立命館アジア太平洋大学（APU）
国際経営学部　2回生
野坂奏太さん

取材先提供

高校生の頃から、海外と日本の架け橋になるような仕事をしたいと思っていた野坂さん。もっと英語力を高める必要があると立命館アジア太平洋大学への進学を決意。さまざまな言語圏の学生との学びを通して、異文化の中で生きることのおもしろさや難しさを実感しているそうだ。

全学生の半分が留学生の大学へ

立命館アジア太平洋大学（APU）は、国際学生（留学生）が全学生の半分で、教員も半数が外国人という、日本国内ではめずらしい大学です。キャンパスには世界中から国際学生が集まり、使用する言語も英語の発音もさまざま。英語のスピーキングに苦手意識のあった私にとって、着実にレベルが上がる環境だと直感しました。

外国語の授業は雰囲気がユニークです。履修している中国語の教室では、国際学生の母国語であるフランス語やモンゴル語、中国語、そして日本語などさまざまな言語が飛び交います。また、国際教育学生寮APハウスに入寮し、寮生の7割を占める国際学生と食住をともにしています。寮ではよくインドやインドネシアの学生と、課題レポートや英語の勉強に取り組んでいますよ。英語圏はもちろん非英語圏の学生とも学び生活することで、言葉や文化の壁を超えるためのコミュニケーションを自然に学べていると感じます。

異文化プログラムに挑戦

1回生では、国際学生とのグループワークと海外での短期研修を経験しました。

APUの新入生はまず、「異文化ワークショップ」というプログラムを履修します。日本人学生と国際学生が3人ずつのグループを組み、おたがいの距離を近づけるためのアクティビティーで、グループごとにイベントの企画を行うのです。私のグループの国際学生は、バングラデシュ、インドネシア、韓国の学生。入学してすぐだったので国際学生は日本語が話せず、私の英語力も不十分だったので、事前に英語で発表する練習を心がけました。異文化間での会話は難しかったですが、徐々に話し合えるようになりました。

海外での5日間の短期研修「FIRSTプログラム」では、台湾を訪れました。

この研修では、学生がグループになり、テーマを自由に設定して、現地の方々300人に街頭アンケートを実施。帰国後に調査結果を分析、考察して、発表するというものです。現地での携帯電話の使用は禁止で、宿泊先も学生がその場で確保しなければなりません。

地元の方に勇気を出して声をかけたところ、お勧めの施設を教えていただきました。台湾には親切な方が多く、滞在中は人の温かさを実感しました。言葉が違っても同じ人間であること、心が通じ合えることは、実際に海外に行かないと思います。グループのメンバーにも助けられました。

　この研修を通して、異文化に揉まれてメンタルが強くなる学生もいれば、挫折を味わう学生もいます。APUでは、学生が精神的にも大きく成長できるさまざまな海外プログラムが、数多く用意されています。

卒業生と交流する団体に参加

　また私は、「Loop.A.S」という卒業生と在学生の交流を深める学生団体にも参加しています。APUは世界に約2万人の卒業生がおり、卒業生を招いたキャリア講演会などのイベントを行ったり、海外での活躍ぶりを紹介するインタビュー記事を発信しています。

　国内外に卒業生の拠点が36カ所あり、そのうち26カ所が海外です。そういう事実をふまえて、今まで日本人しか在籍していなかった学生団体のメンバーに、組織の国際化の必要性を訴えました。

　活動していく中で、ミーティングやプレゼンテーションで使用する資料やスクリーンを日本語と英語の両方で用意し、在学中の国際学生にも積極的に参加してほしいと呼びかけています。その結果、はじめは日本人学生しかいなかったLoop.A.Sですが、今では国際学生が4割在籍するまでになりました。

　現在は、オンライン上での活動が中心で、海外の卒業生と交流がしやすくなりました。海外で働く先輩といっしょに、Loop.A.Sというひとつの組織のマネジメントを行うのは、海外でビジネスをしたい私にとって貴重な経験です。実際、卒業生にビジネスの提案について意見をもらうこともあります。

学生インタビュー

国際学生とのグループワークで発表する野坂さん　取材先提供

世界水準のビジネスを展開したい

私は今までマーケティングに力を入れて学びましたが、大学には、国際経済学や会計学など、授業を英語で行う専門科目が多彩です。欧米ではすでにビジネス化が進む、クリーンエネルギーや医療、教育、食糧という世界共通の課題にも興味があります。これからは、環境政策・グリーン成長について、ゼミで学ぼうと考えています。そして、日本も積極的にその世界水準のビジネスで発展できるように、貢献したいと思うようになりました。

小学生の頃から尊敬する坂本龍馬は、「人にはそれぞれ、社会で生きるための役割がある」と説いたそうです。私も一度しかない人生、勇気をもって異文化に飛び込み、日本のために役立つ生き方を見つけたいです。

留学生と同じ授業を通して多様性と多角的な視点を学ぶ

東洋大学

国際学部グローバル・イノベーション学科　4年生

池本 LUKE 京吾さん

取材先提供

アメリカで生まれ、小学校からは日本で生活をしている池本さん。高校２年生の時、アメリカでのホームステイをきっかけに、英語力を高めたいと東洋大学国際学部に進学。２年次にアメリカ留学を実現し、英語力の向上とともに英語で活動の幅を広げている。

多角的な視点の大切さに気付く

東洋大学国際学部グローバル・イノベーション学科（GINOS）では、すべての授業が英語で行われ、世界各国の留学生とともにアントレプレナーシップや経済学、商学、統計学といったビジネスに深くかかわる専門分野のほか、政治学や社会学、教育学など多様な専門領域を幅広く学べるという特色があります。学生は、1年次から興味のある学問を追究できるのです。

さまざまな学問にふれた結果、私はメディア学を専攻し、2年次のゼミ活動で動画を制作しました。学科の1期生である私は、学科の魅力をもっと多くの人に知ってもらいたいと思い、友人とともに企画したのです。

動画の目的は、高校生や保護者の方に向け

て、学生からの目線でGINOSを紹介することです。

正解がないからこそ日本人だけではなく、価値観や文化が異なる留学生の友人たちに意見を聞いて、より伝わりやすい動画をつくるため、おたがいに納得できるまで話し合いました。制作を通して、目の前にある正解は人それぞれであることに気付きました。そして、自分の意志を通すだけではなく、課題に対して多角的な目線で向き合うことや、メンバーと納得できる答えを探ることの大切さを学びました。

英語ができると世界が広がる

3年時にアメリカ・ワシントン大学に留学した私は、大学で企業のスタートアップを競う大会に挑戦し、現地の学生といっしょにゲーム会社を立ち上げました。そして、準優勝を獲得することができました。

東洋大学では、留学生とグループワークや英語でのプレゼンテーションを数多く経験してきました。そのおかげで、現地の人と英語で会議をしても雰囲気に飲み込まれることなく、英文法が多少間違っていてもしっかりと自分の意見を伝えて、会社の立ち上げに貢献することができました。

また留学中、英語が理解できない難民の方たちに、英語を教えるボランティア活動にも参加しました。非英語圏でまったく別の言語を使う生活を長年送ってきた人たちに、アルファベットや英単語を一から教えるのはとても難しいことでした。

アメリカには「帰化試験」という、難民が永住するために歴史や文化などの一般常識を、英語で問われる試験があります。私が経験した進学のための英語とは違い、命綱となる英語を必死に自分のものにしようとしている姿に、心打たれました。

　私はアメリカ生まれですが、小学生から日本語が中心の生活で、中学生になった時には英語を忘れてしまい、読むことも話すこともできなくなっていました。そのため高校生の頃は、英語を将来の強みにしようと、躍起になって勉強していました。

　しかし、今ではこのアメリカでの経験から、英語は自分の世界を広げるツールではないかと感じています。

　帰国後は就職活動を始めました。４年次にプログラミングの勉強を始め、またアメリカ留学で得た学びと経験を活かして大手ＩＴ企業やメガベンチャーへの就職も視野に入れました。

　しかし、最終的には大学院へ進学し、さらに学びを深めることに決めました。

好きなことを追求する

　大学に入学した時、学科長が「やめろと私たちに言われるまでやってください」とお話しされたことが、今でもずっと心に残っています。

　それまで私は、好きなゲームやスポーツを含めて誰かにやめろと言われること、何かを失うことにとても不安を感じていました。しかし、先生のこのひと言で、挑戦する気持ちにアクセルがかかり、失敗を恐れず自分の興味があることに何度も仲間と足を踏み入れてきました。

　そのなかで、留学生と深い交流もできまし

学生インタビュー

英語でプレゼンテーションをします　　取材先提供

たが、異なる価値観によって意見の食い違いが生じ、思い悩んだこともあります。それでも、授業や課外活動において難しい課題に仲間とともに向き合うことで、おたがいを認め、困ったら助け合うことがあたりまえになりました。

今では、GINOSの留学生とテレビ電話でつながる「グローバル・デカメロン」という交流グループを立ち上げ、留学生と近況を伝え合いながら、ともに学びを深めています。

私は自分の好きなことを追求して、悔いのない4年間を過ごすことができました。国際学部には、留学生を含める多種多様な仲間との出会いや、ともに一歩を踏み出し、新しい価値を創造しながら、自分の可能性を広げる環境が整っていると思います。

意志と行動次第で将来への進路が開ける学部

明治大学
国際日本学部　4年生
犬塚竜司さん

取材先提供

高校までサッカーに打ち込んでいたという犬塚さん。国際学部をめざしたのは、もともと英語が好きで、流暢に話せたらかっこいい、という純粋な思いからだそう。シアトルでの留学と異文化体験を経て見つけた夢は、高校の英語教員になること。生徒が英語を好きになる授業をつくりたいという。

海外留学に強くあこがれていた高校時代

私は子どもの頃から英語が好きで、将来は英語を使う職業に就きたいという思いが強くありました。しかし、高校までサッカー部で厳しい練習と試合に打ち込んでいたため、海外プログラムに参加して現地で英語を学んだり、異文化体験をしたりするような機会がありませんでした。だから、大学では絶対海外に留学したかった。外国で学ぶことへのあこがれがとても強かったんです。

大学を選ぶ時に重視したことも、第一に海外留学のプログラムが充実していることでした。英語力を高め、外国の文化を幅広く学び、英語力を活かせる職業に就きたくて。国際系の学部を選んだのは、学びの領域が幅広いので、卒業後の進路の選択肢も多くなると思ったからです。

どの大学も国際系の学部は留学制度の充実に力を入れていますが、明治大学の国際日本学部を選んだ理由は、留学先の大学やコミュニティ・カレッジ、教育プログラムが豊富な点です。留学先で修得した単位が明治大学の単位として認められるため、4年で卒業できることも魅力でした。

教育内容は、アメリカなど海外の大学で専門分野を学ぶ長期のアカデミック留学をはじめ、夏季休業期間中の短期語学留学、アメリカのウォルト・ディズニー・ワールドでのインターンシップ、さらにはボランティア活動と幅広く、興味深いものばかりです。

また、留学準備のためのプログラムもしっかりしている点も大きな理由です。TOEFL対策の科目や異文化理解のための授業があることは、英語力を一から伸ばし、海外の生活も事前に理解したかった私にぴったりでした。

入学後、2年次までに週5回、英語のネイティブスピーカーの講師による授業を受けました。英語力が高いクラスメートばかりで圧倒されましたが、かえって勉強のはげみになりました。おかげで海外留学に必要なTOEFLのスコアを、2年次までに得ることができました。

学部では、日本と世界の両方を学ぶことを目的とした専門科目やゼミも数多くあります。私が特に興味をもったのは、アフリカの文化や社会を学ぶ科目で、ゼミにも所属しました。授業を受けるまで、私はアフリカ文化に対する理解が乏しく、大きな先入観もありました。しかし、個人の調査やグループ研究を通して、現地を訪れてはじめて経験できることがあると学びました。英語圏以外の文化も新鮮に感じましたし、将来、ぜひアフリカを訪ねてみたいと思いました。

シアトルで社会人のサッカーチームに参加

私は2年次の9月から半年間、アメリカ・シアトルにあるピアス・カレッジに留学しました。英語の授業を履修するかたわら、現地の社会人サッカーチームに参加しました。チームは学生から社会人まで年齢層は幅広く、白人や黒人、ヒスパニックなど人種も多様です。カレッジで学んだ英語を活かし、またサッカーを楽しみながら、メンバーの文化や考え方、価値観の違いを理解することができました。高校まで続けていたサッカーの経験が、異文化コミュニケーションへのよいきっかけになりました。

休日は、ロサンゼルスやカナダへの一人旅も経験しました。旅先での交流やハプニングを通して、行動力や度胸が身につきましたし、個人として、また日本人として自己主張することの大切さに気付きました。

生徒に英語を学ぶ楽しさを教えたい

私は今、高校の英語教員になることをめざしています。授業を通して、相手の生まれ育った環境や異文化、考え方の違いを知ることができること、深いコミュニケーションができることを教えていきたいです。

そのためには、授業を工夫することが大切だと思っています。英語が苦手な生徒でも好きになってもらえる、また学んだ英語をもっと使いたいと思ってもらえる授業を実現させ

留学先では現地の社会人サッカーチームに参加しました　取材先提供

たいです。英語を通して世界に目を向けることで自分の視野が格段に広がりますし、それが母国である日本の魅力を深く理解することにつながります。

また私自身、教員になってからも英語や異文化を学び続けていきたいです。その姿勢が、生徒になんらかのいい影響を与えるのではないかと考えています。

これから国際系の学部をめざすみなさんは、英語が好きで海外に興味がある人が多いでしょう。しかし、今の英語力に自信がない人でも、学部のクラスメートからいい影響を受けながら、自信をもって成長できると思います。

大学では高校の時よりも自由な時間が増えて、今までできなかったことにも挑戦できます。自分らしい充実した大学生活を送ってほしいと思います。

4章

資格取得や卒業後の就職先はどのようになっていますか？

Q19 卒業後に就く主な仕事はなんですか？

活躍できる業種は多種多様

国際学部は、外国語とさまざまな専門分野の知識とスキルを学ぶことができる学部。外国語を学び活かす力を高めながら、人文・社会科学系の学びから自分の興味・関心と合う分野を見つけて究めることができ、さらに就職活動の中で自分らしい働き方を探ることで、卒業後の可能性を広げることができるんだ。

卒業生が就職している主な業種をあげてみよう。**自動車や食品などの製造業（メーカー）をはじめ、輸出入にかかわる商社、ITなどの情報通信業、鉄道や航空、運送といった物流・運輸業、ホテルや旅行代理店などの旅行・観光業、さらには銀行や証券などの金融業、スーパーマーケットやコンビニエンスストアといった流通・小売業など。**ほかに、みなさんにとってあまりなじみがない業種にも、多くの先輩たちが就職しているよ。

さらに、新聞社や出版社といったマスコミ、学習塾や進学塾、語学スクールなど、学

んだ外国語に深くかかわる進路も可能だ。どの業界にも進むチャンスがあるといってもいいだろう。

外国語を活かせる仕事に就く機会も

卒業生がかかわっている職種もバラエティーに富んでいる。特に大手企業では、「総合職採用」といって、採用後に配属される部署や職種が決まる採用を行っているところが多い。志望する学生は、書類審査や面接などの採用選考を経て入社が決まり、商品・サービスの企画開発職、営業・販売職、経理、総務、広報といった、企業の経営とビジネスにかかわる仕事に就くのが一般的。その後、異なる職種を複数経験する人もいる。国際学部に限らないけれど、卒業生はどの職種でも活躍していると考えていいだろう。

また、多くの企業では、外国語を活かしたコミュニケーション能力、異文化の人びととチームで働く力、リーダーシップを発揮する力といった、グローバル社会で働くための資質や能力を求めている。国際学部で得た学びや経験が、どの企業のどの仕事にも大きな力になるよ。**特に、世界中に事業所や工場をもつグローバル企業や、外国の企業との取引がある日本企業では、外国語の能力が高く、異文化をしっかり理解した国際学部出身者の活躍する場面は多い。**

専門性の高い職業の例をあげると、たとえば新聞社や放送局の記者や出版社の編集者、通訳、翻訳家、広告会社のプランナーがある。言語能力と表現力を活かせるクリエーティブな仕事にも挑戦の場が多い。

一般企業のほかにも、国や行政で働く公務員になる人もいる。一般的な事務職をめざす場合、公務員採用試験を経たのちに、本人の希望と適性に応じて配属先が決まる。教育や社会福祉、観光など、配属先の分野はさまざまだ。公立学校の英語などの教員をめざす人は、原則として都道府県の教員採用試験に合格する必要がある。採用された後、勤務先の学校が決まる。

さらに、国際機関の職員や発展途上国のまちづくりや教育、医療にたずさわるNPO職員など。国際学部の卒業生の進路は、世界のあらゆる分野に開かれている。

特に外国語にかかわる仕事に就いた人は、企業な

どでの実務経験を経たのちに、フリーランスとして働く道もある。通訳や翻訳、語学スクールの講師、フリーライターなど。日本語教員という進路もある。

特別なカリキュラムで学び、特定の専門職をめざす道も

国際学部のなかには、特定の職業をめざすためのコースや講座を設けているところがある。ある大学では、CA（キャビン・アテンダント）など、航空会社への就職をめざすためのコースを設けている。そのほか、広告や放送、ウェブ、映像といったメディア制作を学ぶカリキュラム、簿記や会計、税務など金融・コンサルティング業界への就職に役立つカリキュラムを設けている大学もある。

大学では、卒業生の進路についてのくわしい情報を公開している。みなさんの大学卒業後の進路を考えるきっかけになるので、興味のある国際学部の先輩がどのような仕事に就いているのか、調べてみよう。

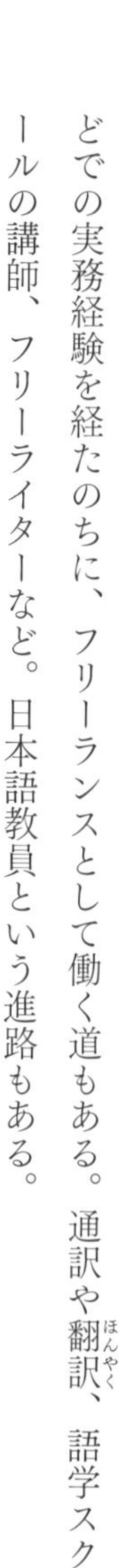

Q20 国際学部で取りやすい資格を教えてください

外国語のさまざまな検定・資格に挑戦できる

国際学部で取りやすい代表的な資格は、外国語の資格、検定だ。この学部は、学生全員が海外研修や留学に参加することになっているのが一般的なので、その条件としてTOEFL iBTやIELTSといった、海外の大学で学ぶために必要な国際的な英語の検定を受けることになる。

ビジネス向けとされるTOEICは、就職活動までに高いスコアを取得しておくと、自己PRの材料になる。TOEICなどのテストを運営している一般財団法人国際ビジネスコミュニケーション協会（IIBC）の調査によると、「TOEIC Listening & Reading Test」の新入社員に期待するスコアの平均は、535点だ。また大学によっては、TOEICの一定のスコア（730点以上など）を、卒業要件にしているところもある。

また、TOEICは団体特別受験制度（IPテスト）があり、学校や企業での団体試

験を実施しており、なかにはテストの受験料を補助してくれる大学もある。

そのほかの外国語の検定について紹介すると、国連などの国際機関やグローバル企業の公用語になっているフランス語は、「実用フランス語技能検定試験」や「DELF／DALF」といった検定にも挑戦できる。中国語は「中国語検定試験」や「漢語水平考試（HSK）」を受験する学生が多い。

国際学部では、外国語の資格・検定の受験のためのバックアップ体制が充実している。大学やキャリアセンターが試験対策のための講座を設けている。また、その多くは一般的な資格スクールよりも安い料金で利用できるよ。

また近年、このような外国語の検定試験の受験料の一部または全額を補助している大学が増えて

いる。学費の負担を少しでも軽くするために、積極的に利用したい制度だ。

教員や図書館司書など大学ならではの免許も

選択する学科・コースにもよるけれど、大多数の国際学部では、中学校教諭一種免許（英語）や高等学校教諭一種免許（英語）の教員免許の取得をめざすことができる。学科によっては、中学校の社会、高等学校の地理歴史の教諭一種免許を取得できる場合がある。

教職課程は、履修科目の多い国際学部の学生にとっては、さらに選択科目を増やすことになるので時間割を組みにくい。教員になりたい人には必須だが、全

国際学部で取得をめざせる主な資格

- 中学校教諭一種（英語）
- 高等学校教諭一種（英語）
- 司書
- 学校図書館司書教諭
- 日本語教員
- 学芸員
- J-SHINE（小学校英語指導者資格）

- 外国語に関する資格・検定
  TOEIC
  TOEFL
  実用英語技能検定
  実用フランス語技能検定試験
  デルフ・フランス語学力資格試験（DELF）
  ドイツ語技能検定試験
  実用中国語技能検定試験
  「ハングル」能力検定試験

- 専門分野に関する資格・検定
  国内・総合旅行業務取扱管理者試験
  日商簿記検定
  国税専門官
  外務省在外公館専門調査員　ほか

体の履修計画もよく考えて選ぼう。
そのほか、図書館司書や学芸員といった、大学ならではの専門職の資格を取得できる。しかし、図書館司書は近年、正規職員の採用が少なく、多くの自治体の図書館では派遣社員やアルバイトなどの非正規雇用となっている。博物館や美術館の学芸員も、職員採用は狭き門になっている。企画展の運営等にたずさわるキュレーターをめざす人には必須の資格だが、就職事情もよく理解した上で取得を考えたほうがよさそうだ。

国際学部では、ビジネス系の資格や検定にも数多く挑戦できる。国際観光学を専攻する学生は、旅行業務取扱管理者（国内・総合・地域限定）や観光英語検定、ホテルビジネス実務検定など。経営学であれば、経営学検定（マネジメント検定）や販売士、日商簿記検定、FP技能検定などがある。

外国語にとらわれ過ぎず、専門分野の学びを深め、就職を視野に入れた資格や検定を取得してみよう。

外国語を中心にさまざまな検定や教員免許などの取得をめざせる

Q21 意外な仕事でも活躍している先輩はいますか？

商品の企画開発部門で世界に市場を広げる

国際学部出身の先輩のなかには、世界の市場を見渡し、企業の新しい商品やサービスを生み出す仕事にたずさわっている人も多い。商品の企画開発部門が担う仕事であり、特に経営学やビジネスを専攻した卒業生が得意としているジャンルだ。

国内や海外の大手メーカーの例をあげると、企画開発部門では、世界各国の顧客が商品に何を期待しているのかを探り、新製品を一から立ち上げたり、すでにヒットした製品を改良してブランドを強くしたりしながら、自社のビジネスを成長させる。消費者の好みや行動は国や地域によって大きく異なるので、グローバルな視野と柔軟な発想が求められる。いい製品を消費者に宣伝し、市場を広げるための広告・マーケティング戦略にもたずさわっている。

学んだ経営学やマーケティングの専門知識と発想力を活かして、大学時代に起業するこ

ともできる。留学先で現地の学生や企業人とつながりをもち、将来いっしょに新しいビジネスを立ち上げることもできるだろう。さらに国内外の経営コンサルタント会社に就職して、企業の経営課題を解決する仕事に就くこともできるよ。

グローバル化が進む企業の法務や財務・会計にたずさわる

先輩のなかには、企業の法務部門で働いている人もいる。たとえば自社製品の海外での販売網を広げている企業や、外国企業の買収・合併を行っている企業では、国際基準の法知識が求められる。海外の法律やビジネス文書を取り扱う上で、高度な英語の能力を発揮しているんだ。

財務や会計の分野もグローバル化が進み、国際学部出身者の活躍の場になってきている。近年、ＩＦＲＳ（国際財務報告基準）という、企業の経営体質を客観的に示す国際基準の財務諸表を採用する動きが活発になってきている。国際的な会計の知識、語学力が求められる仕事であり、特に国際関係学科や国際経営学科で財務・会計を専攻した卒業生にはぴったりだ。

成長の著しい業界でクリエーティブな仕事に就く人も

世界的に成長の著しい業界も、国際学部の卒業生が活躍(かつやく)できる場。そのひとつが、ゲーム業界だ。日本が得意とするビデオゲームのスポーツ競技「eスポーツ」は、世界中で大規模な国際大会が行われるようになった。今後ますますビジネスが拡大することが予測されており、特に大手ゲーム会社は世界中に拠点(きょてん)を置いていることから、国際学部卒業生の進路のひとつになっている。

具体的な仕事をあげてみると、海外の事業所にいるスタッフと協力してその国に合う販売(はんばい)戦略を考え、売り上げを伸(の)ばしていくマーケティングや、世界中のファンに受け入れられる新しいゲームの企画(きかく)開発、国際的なゲームイベントの企画(きかく)運営など。ゲームが好きな人であれば、学部で身につけた外国語能力とマーケティングなどのビジネス知識を活かして、新しい仕事を生み出すことができるだろう。

ゲームと並(なら)んで成長し続けるIT業界に進むこともできる。国際情報学科など情報系やメディア系の学科・コースに、プログラミングを学ぶ科目が設けられている。だから、コンピュータに興味のある人は、学部でプログラミングやアプリケーションソフトの基本的な開発を学び、IT業界へ就職するという道が開けるよ。

学生スポーツが盛んな大学の国際学部には、スポーツ選手になった人もいるよ。これからスポーツの国際舞台で活躍したい人も、大学で英語力を身につけることで外国人のコーチから有益なアドバイスを直接受けたり、他国の選手と英語で交流したりできるようになる。活動の拠点を海外に置いて生活することも夢ではないだろう。

医療・製薬、環境ビジネスなどのグローバル企業にも進出

そのほか、医療・製薬や環境ビジネスなど、世界規模の社会的課題に取り組むグローバル企業への就職も十分に考えられる。職種は、これまでにあげた企画開発や営業、販売など、世界の自社の経営課題をグローバルな視点で考え、新しい商品やサービスを生み出す、組織の管理にたずさわるなど、さまざまな仕事に就くことができるよ。

グローバルな視点と専門知識を活かして、進みたい業界で活躍できる

大学で公衆衛生を学び国際支援の道をめざす

日本赤十字社
近畿大学国際学部国際学科グローバル専攻卒業

尾﨑史歩さん

取材先提供

高校時代にオーストラリア留学を経験。英語を活かす仕事に就きたいと考え、国際学部に進学した尾﨑さん。在学中に体験したロシアの学生交流プログラムで世界の保健衛生への興味を深めたことが、日本赤十字社への就職へとつながったそうだ。

英語を活かす仕事に就きたくて

英語や外国に興味をもったのは、小学校に入学する前に出合った英語教材です。英語の人気のアニメを通して自然とアルファベットを覚え、楽しいと感じました。中学校に進学してからも英語へのあこがれが強く、純粋に「話せたらかっこいいな」と思っていました。

高校生の時に経験した1年間のオーストラリア留学で、英語を仕事に活かしたいと思い立ちました。異文化での生活の中で、英語ができれば、自分の世界が広がると気付いたのです。大学や学部を選ぶ時も、英語力を伸ばすだけではなく、将来の仕事に通じる専門分野も学べることを条件にしました。

なかでも近畿大学は、1回生から全員が留学できて、さらに帰国後も授業が英語で開講され、英語力を落とすことなく卒業できます。リーダーシップを発揮する学生もいて、学生団体を立ち上げたり、帰国後もう一度別の国へ留学したりと、海外で積極的に学ぶ人が多く、たくさんの刺激を受けましたね。

ロシア人学生との交流活動に参加

世界の医療や保健衛生に興味をもち、のちに日本赤十字社への就職につながったきっかけは、在学中のアメリカ留学で、世界の感染症の現状について学んだことでした。感染症による致死率が、国や地域によって大きな格差があることを知り、多くの人の命を救うために、治療ではなく、予防にたずさわる活動をしたいと思うようになりました。

帰国後、もっと世界の保健衛生について深く学びたいと思い、学内外のさまざまなセミナーやイベントに参加しました。なかでも印象的だったのが「日露学生フォーラム」です。

このフォーラムは、日本とロシアの学生が集まり、医療や教育、環境など両国がかかえるさまざまな社会的な課題について英語で議論し、日露間の友好関係を深めることを目的としています。開催地のロシア・ウラジオストクを訪れた時、参加学生の一人から公衆衛生学について教わりました。帰国後も、国際協力学や公衆衛生学を専門とする先生のもとで、自分の研究を深めることができました。

人を助ける仕事に就きたい

卒業後は公衆衛生学についての学びをさらに深めるため、大学院の進学を一度は考えました。しかし、就職活動も進めていくうちに、世界の人びとを助ける仕事に就きたいという気持ちが強くなりました。国際支援にかかわる仕事、特に医療や公衆衛生と結びつく職業や企業を幅広く探したところ、日本赤十字社に興味をもち、縁あって採用に至りました。

みなさんは日本赤十字社と聞くと、まず献血ルームを思い浮かべる人が多いかもしれませんね。実はほかにも、災害救護や国際救援、社会福祉など、国内外で人びとを救う多様な事業を行っています。

私が日本赤十字社を志望した理由は、災害や紛争などで必要とされる人道支援の現場で働けることでした。また、3～5年ごとのジョブローテーションを通して、国内外で幅広い支援を経験できることにもひかれました。

将来を見据えて仕事に向かう

入社後は、総務局財政部契約課に配属されて、現在は本社の各部署や支部・施設の物品の調達業務などにたずさわっています。もともと数字に対する苦手意識があり、契約書を読むことさえはじめての経験。契約の仕事に不安はありましたが、すべて吸収しようと思い、先輩の指導のもと、真摯に取り組んでいます。

今は、人びとを直接助ける現場ではありませんが、契約の仕事を通して、日本赤十字社の事業の全般を学んでいます。どの部署で何のために物品が利用されるのかを知ることで、日本赤十字社の事業の役割を幅広く理解できますし、将来、人びとを直接救う現場に就いた時の仕事も想像できます。

九州を中心に大きな災害をもたらした令和2年7月豪雨の時、私は被災地への救援物資の調達業務にかかわりました。自分で手配

発注通りであるか、納品された救援物資の検品を行う尾﨑さん　取材先提供

した毛布が被災した方々に届けられ、活用されて、大きな責任とやりがいを感じました。契約の仕事に取り組むかたわら、国際支援の現場に就いた時に活かせるようにと、英語の勉強も続けています。TOEICを受験したり、英語の作品などを観たりして、日頃から英語にふれておくように心がけています。

これから国際学部で学ぶみなさんには、英語にプラスして何か興味のあることを見つけてほしいと思います。社会に広く関心をもち、将来、英語をどう活用するかを考えることで、自分らしい学びが見つかると思います。

私は、入社時に教えていただいた「我以外皆我師（われいがいみなわれのし）」という言葉を大切にしています。国際学部での学びは、すべて自分の師ですし、社会に出た今も、視野を広げて学んでいきたいと思っています。

文化と社会の違いを尊重し日本と東南アジアの企業を支える

卒業生インタビュー 2

グローバル・パートナーズ・コンサルティング
立命館アジア太平洋大学（APU）アジア太平洋学部卒業

泉 美帆さん

高校時代にニュージーランドで1年間の留学を経験したのち、立命館アジア太平洋大学に進学。当時世界約65カ国の留学生が集まるキャンパスで国際系の専門分野を幅広く学ぶ。現在はシンガポールで、日本と東南アジアの企業の経営を支えるコンサルタントとして活躍中。

取材先提供

子どもの頃、英語に興味を

私が世界や英語に興味をもったのは、幼稚園の頃です。セサミストリートで英語にふれ、ネイティブの英語の先生に気軽に英語であいさつしたりしていました。私が住んでいた愛知県は、大手自動車メーカーなどで働く外国人が多く、親が海外で働く友人もいたので、異文化への興味が自然にわいてきましたね。

中学校に入学してから、英語の勉強を本格的に始めました。先生に英語を褒められたことをきっかけに、「英語をマスターしよう！」と意欲がわきました。

卒業後は国際コースのある私立高校に進学。留学制度を利用して、ニュージーランドの姉妹校へ1年間留学しました。現地の人や他国からの留学生との交流を通して、英語は世界中の人びとの意思疎通のために不可欠な言語だと強く思いました。

帰国後は、国際系の大学・学部への進学を考えました。立命館アジア太平洋大学（APU）を選んだ理由は、言語としての英語を専門的に学ぶというより、専門知識や教養を英語で幅広く身につけられると思ったからです。学生の約半数が外国人留学生（国際学生）であることも、魅力的でした。

外国人の学生と対等に議論

APUでは、国際関係学やグローバリゼーション、環境問題など、世界を学ぶ上での専門知識や教養にふれました。開講科目の多くが英語と日本語で受けることができたので、私は英語で受けられる科目を積極的に選びました。国際学生とともに学び、グループディスカッションやプレゼンテーションもすべて英語。在学当時の大学には約65カ国・地域からの国際学生がいて、授業と寮での24時間ずっと英語漬けでした。大学2、3年生では「世界大学サミット」に参加して、海外の学生とも対等に議論する経験もできました。

課外活動では、地元の方々との距離を縮めるため、友人と「エデュケーションネットワーク」というサークルを立ち上げました。キャンパス周辺の幼稚園や小中高校を対象に、国際理解プログラムを提供しました。幼稚園では英語を使った遊び、小学校では国際学生と国の文化や言葉を伝えるグループワーク、高校では英語キャンプなど、学校からの要望に応えながら立案して、授業を行いました。参加した学生だけでなく先生方や保護者からも好評で、とてもうれしかったです。

教育サービス企業に就職

さまざまな業種のインターンシップや企業訪問を経験したのち、教育系の総合サービス企業に入社。子どもから大人まで幅広い教育事業を世界40カ国以上で展開しており、私は英語力を活かして、主に海外で採用した社員を育成するための研修プログラムを開発・実施する仕事にたずさわりました。20代前半は年間２００日も海外出張を経験し、世界中を飛び回る日々を送りました。

入社７年目に海外駐在員として、シンガポールに渡りました。東南アジア・オセアニア全域を対象に、各国の経営課題に沿ったアドバイスやサポートを提案。仕事を通して知り合った弁護士や公認会計士などの専門家からの助言で、専門性をもって企業を支援するコンサルタントになることを決めました。そこでイギリスの大学院に入学して、経営学修士（ＭＢＡ）を取得しました。

経営コンサルタントに転身

２０１７年、私はシンガポールに拠点のあるグローバル・パートナーズ・コンサルティングに転職し、念願の経営コンサルタントになりました。主な仕事は、東南アジアに進出したい日系企業の経営を支援することです。たとえば、進出したい国の規制を調査することや、ビジネスパートナーを見つけて交渉すること、その国・地域に合った商品のマーケティングなどを行っています。

日本企業の商材は、化粧品、ウェルネス商品、医療機器、教育サービスと幅広く、日本はものづくりの国だと実感しています。し

アンテナショップで消費者からの反応を確認します　取材先提供

かし、日本の魅力的な製品が、文化や宗教が異なる東南アジア圏で、そのまま受け入れられるとは限りません。たとえばある製薬会社の製品は、日本では男性には二日酔いの緩和、女性には美白と二つのメリットを打ち出して展開しました。一方シンガポールでは、美白に絞って宣伝したところ大ヒットしたのです。

海外は多民族多文化であり、異なる価値観を受け入れられなくても、まず日本との違いを知ること、違いに敬意を払うことが大切です。それが日本と東南アジアの企業を結ぶ上でも重要だと思っています。

私は現在、日本人で唯一のシンガポール政府認定経営コンサルタントとして認められています。グローバリゼーションの波を感じながら、今後は東南アジアの企業の日本を含めた海外進出も支えていきたいと思います。

海外の現場の立場を考えて異文化の人の信頼を得る

アルー

東洋大学国際地域学部（現・国際学部）

国際地域学科卒業

熊澤亜未さん

取材先提供

幼い頃から英語や異文化に興味をもち、海外での学びが充実している東洋大学に進学した熊澤さん。タイやアメリカに渡り、現地の人びととの深い交流の中で、さまざまな地域の課題を追究。現在はグローバル企業の社員研修の企画提案にたずさわっている。

そろばんと異文化に興味をもって

私が国際系の大学や今の仕事に進んだ原点は、実は5歳までさかのぼります。まずは姉の影響でそろばんに興味をもち、そろばんと暗算の大会に出場するまでのめり込みました。全国大会では北海道から沖縄までの子どもたちと交流して、日本だけでも幅広い地域性、多様性があることに気付きました。

同じ時期から英語にも興味をもち、小学校の国際理解教育では、アメリカ人の先生とチョコレートケーキをつくる、英語や中国語の歌を歌う、外国の衣食住を知るなど、アクティブな授業が好きでした。中学生になると学外のスピーチコンテストにも挑戦しました。一方で、そろばん教室で後輩に教えるようになり、人に教えること、育てることに強い興味をもつようになりました。

高校は英語教育が充実している理数科の公立高校を選択。科学者たるもの世界に発信するべく英語を話せるようにと、英語で行われるプレゼンテーションやディベートの授業で経験を数多く積み、英語で自分の意見を発信する力を伸ばしました。

海外での実践学習が充実した大学へ

大学を選ぶ時は、将来の職業を意識しました。ホテルの仕事や国連などの国際機関で働くことに興味がわいていたので、英語力に加えて政治や経済、心理学などさまざまな分野も学びたいと考えていました。専門知識と教養を深める必要を感じ、国際系の大学・学部に。海外留学などの制度が充実している、東洋大学国際地域学部（現・国際学部）への入学を決めました。

国際地域学部では、実際に外国へ足を運び、その地域の課題を見つけて考えて解決を追究する学びを重視していました。学生たちはその理念を実践して、長期の休みになると必ず外国を訪れ、語学研修やボランティア、インターンなどの活動に、積極的に参加します。

帰国すると体験談とおみやげをシェア。将来は国や地域に貢献したい、ＮＰＯを立ち上げたい、起業したいなど、社会貢献への意欲の高い学生が多かったですね。

アメリカでそろばんを教える

大学生活の貴重な経験は海外留学や研修です。大学の交換留学やインターンシッププログラムのほか、文部科学省の「トビタテ！留学ＪＡＰＡＮ」の留学プログラムなどを活用し、理想の留学を計画・実現できました。

まずは、1年次の夏に1週間、タイの大学で観光学を学び、地域の食材を活かした観光客向けのサービスについて追究しました。その後、アメリカ・ケンタッキー州の大学に留学し、心理学などの専門分野を英語で学びました。南部なまりの英語だったこともあり、授業を録音して何度も聞き直す、難しい専門用語を徹底的に調べるなど、留学準備のための英語学習とは違う苦労がありました。

一方で留学を通して、得意なそろばんをアメリカの子どもたちに教えることもできました。3年次には3カ月間、カリフォルニア州サンディエゴ市にあるそろばん教室と小学校で、そろばんを一から教えるプログラムを計画し、生徒たちに技術と魅力を伝えたのです。一人ひとりの子どもの理解度を確かめながら、できたことをほめてあげること、わかりやすく伝えることの大切さを学びました。

就職は人材育成とグローバルを重視

就職活動では、人の育成とグローバルの二つのテーマを優先し、教育業界を含めてさまざまな業種に目を向けました。海外で働くことも視野に入れて、企業や官公庁などの人材育成事業にかかわるアルーに入社しました。

主な仕事は、企業の新入社員や管理職など、さまざまな社員を対象にした研修プログラムの企画提案です。顧客は、食品メーカーや金融機関、IT、サービス業界、官公庁など多岐にわたります。企業の人事担当者から、研修の導入の目的と要望をうかがい、研修内容をすり合わせ、実施にこぎつけます。

現在は、日本企業の日本人・外国籍社員や、

研修プログラムについて社内で相談します　取材先提供

海外支社や工場に勤める現地スタッフの育成を担当しています。グローバル企業の相談として多いのは、海外の日本人駐在員と現地スタッフとのコミュニケーションの問題です。

たとえば、日本人社員が駐在に行く必要があるのか、リモートで日本人社員が現地スタッフの育成をできればいいのではないか、など。また、駐在員を派遣するのではなく、現地スタッフ自身が育成を通じて、現地のマネジメントを担う人材となればよいのではないか、という見直しも行われています。

お客さまの相談の本質的な人材課題を見極め、時代に合ったアイデアを提案できるコンサルタントになることが、私の目標です。コーチングの能力とスキルを高め、ゆくゆくは海外の拠点にも赴任して、直接、現地の方の役に立てるようになりたいですね。

留学の経験を活かして アメリカで新事業に挑戦

エレマテック
昭和女子大学(しょうわじょしだいがく)人間文化学部国際学科卒業
(現・国際学部国際学科)

中橋佳恵(なかはしかえ)さん

取材先提供

小学生まで中国(ちゅうごく)など海外で生活していた中橋さん。日本語と英語、中国語の3カ国語を使いこなすことができ、将来、海外で働くことを夢見(ゆめ)ていた。大学時代にアメリカ留学し、枠(わく)にとらわれない学びを経験したことが、現在の商社での仕事の大きな力になっているそうだ。

海外で働くことを夢見(ゆめ)た子ども時代

私の両親は外資系企業(きぎょう)で働いていて、小学校を卒業するまで中国などで暮(く)らしていました。現地の子どもと同じ学校に通っていたので、中国語や英語のネイティブの友人との交流で、自然に異文化と言語が身につきました。

中学校からは日本でしたが、中国語と英語の能力を保つために、在学中に海外の短期留学を経験しました。大学への進学は、国際学部を第一志望にして、留学制度が充実(じゅうじつ)していることを条件に探しました。また、両親と同じように将来は海外で仕事をしたいという思いも強かったので、経営など幅広(はばひろ)く学べることも重視しました。

調べていくうちに、昭和女子大学は「昭和ボストン」という、アメリカ・ボストンの海外キャンパスがあり、留学の期間を幅広く選べて海外の提携校も多いことに興味をもちました。上海交通大学の学位も取得できるダブル・ディグリー制度も、私には魅力でした。

日本の歴史や文化を英語で発信

私が大学で特に成長を感じた経験は、アメリカ・ボストンでの留学です。昭和ボストンで3～4カ月間、ハーバード大学でのインターンシップを経験しました。

これは、大学内の日本に関する研究所のプログラムで、教員と学生とともに東日本大震災の情報や日本の歴史、文化について、インターネットを通して伝える活動です。私は外国での生活が長かったので、日本の文化や歴史を知らなかったと痛感。インターンシップは異文化だけではなく日本について学ぶよい機会となりました。

昭和ボストンの留学プログラムは、期間も内容も多彩です。英語や異文化理解の授業のほか、旅行代理店での職業体験や高齢者福祉施設、幼稚園でのボランティアなど、学生の興味や将来の進路に合うプログラムを選べます。私もさまざまなプログラムに挑戦し、日本語を学んでいるアメリカ人学生に、日本語やプレゼンテーションを教えていました。

留学を通して、アメリカ人や在住の日本人などたくさんの人とつながりができました。自宅に訪問したりカラオケパーティーを楽しんだりしたことも、いい思い出です。

就職は商社や外資系企業を志望

卒業後は、日本と海外の両方で働ける商社や外資系企業で働きたいと思っていた私は、日本の企業でビジネスマナーや商習慣をしっかり覚えることも大事だと思いました。

現在勤務しているエレマテックは、会社説明会で先輩から仕事のやりがいなどをうかがい、海外勤務も視野に入れながら大学時代と同じように枠にとらわれない挑戦ができるところに魅力を感じました。

私の会社は、国内外のメーカーを顧客としていて、新製品の開発に必要な部品や部材、技術を提案し、さらに工場での製造や品質の管理、流通など、幅広い事業を行っています。お取引先は6000～7000社にのぼり、製品開発の可能性を自分のアイデアで広げることができます。

現在は、スマートフォンやパソコン、タブレットなど国内外の大手通信機器会社を担当し、消費者向けの製品開発を提案しています。

心に残っている仕事は、日本のある大手通信企業のスマホの保護ガラスの開発にたずさわったことです。部材の提案から工場での量産まで一貫してかかわり、先輩社員のアドバイスを受けながらなんとか製品化に成功。家電量販店の店頭に並んでいる製品を見かけて大きなやりがいを感じましたね。

入社4年目を迎え、後輩社員が増えてきました。今後は私が後輩の仕事の手本になって、新しい顧客にも積極的に提案できる人材を育てていきたいと思います。

アメリカで事業所を立ち上げる

今はアメリカで新事業所を立ち上げるという責を担っています。念願の海外勤務ですが、事業所の立ち上げメンバーとして一からビジネスを開拓し成果を上げなければなりません。

仕事ではコミュニケーションを大切にしています　取材先提供

もちろんボストンでの留学経験が、私の新しい挑戦を後押ししてくれると思っています。インターンシップやボランティアを幅広く経験したことで、勇気をもって新しいことに飛び込む強いマインドを養い、出会った友人たちがビジネスの人脈となり、よいパートナーになってくれるでしょう。

国際学科は私の卒業後もベトナム、ドイツ、フランスに協定校を増やしました。今では中国、韓国、米国の大学とダブル・ディグリーを修得できます。進路の選択肢を広げるプログラムが豊富で、どの業界に進んでも役立つと思います。

きっかけは「外国人の友人が欲しい」ということでもよいと思いますが、大学生活の中で新しい学びと経験に積極的に飛び込み、自分の可能性を見つけてほしいです。

5章

国際学部をめざすなら何をしたらいいですか？

Q22

国際学部のある大学の探し方・比べ方を教えてください

国際学部以外を含めて大学と学部を幅広く知る

この本を読んでいるみなさんは、少なからず「国際」にかかわることに興味があると思う。英語が好き、海外の文化に興味がある、外国で働いてみたいなど、その思いは人によってさまざまだろう。

そういう人にこそ、まず国際学部のある大学に注目してほしい。探し方は、インターネットで「国際学部」と検索して、結果として表示された大学のホームページにアクセスするのがもっとも簡単だろう。ほかにも、進学塾や大学予備校による大学受験情報サイト、全国の大学の基本情報を載せている進学情報サイト、受験に関する書籍や雑誌から、国際学部のある大学を幅広く知ることができる。**「国際○○学部」や「グローバル○○学部」といった国際学部と似た名称の学部や、「教養学部」も、みなさんにふさわしい学部かもしれない。あわせて調べてみよう。**

国際学部のくわしい学びについては2章でも紹介(しょうかい)しているし、その大学のウェブサイトや入学パンフレットにも情報がたくさんある。学部の専門教育や研究活動の特色、カリキュラム、海外留学、めざせる資格・検定、卒業後の進路など、入学から卒業までの学びについて細かく調べてみよう。

「国際」に興味があり、プラス専攻(せんこう)したい学問やめざす職業がすでにはっきりしている人もいると思う。そういう人は、国際学部だけではなく、興味のある学問や職業に関連の深い学部もいっしょに調べてみよう。

たとえば、英語と第二外国語をしっかり身につけたい人は、「国際学部」と「外国語学部」の両方を調べよう。旅行業界や航空業界に就職したい人は、観光系の学部や経営、社会学部の観光学系の学科・コースに注目。国際政治や経済を学びたい人は、法学部や経済学部、総合政策学部の国際系の学科やコースも、志望校・学部学科になる可能性が十分にあるよ。

自分なりの大学選びの条件を固める

興味をもった大学や学部を幅広(はばひろ)く調べていくうちに、自分なりの大学選びの条件を固めてみよう。

たとえば1年次から海外研修に参加できる、興味のある外国に留学できる、外国語やビジネスの資格・検定の科目がたくさんある、興味のある業界のインターンシップが充実している、というように、なるべく具体的にあげてみよう。そうすると、志望校を絞りやすくなる。

また、国際学部には、海外研修や留学が必須な大学が多く、学費の負担が大きい。日本学生支援機構や大学独自の奨学金制度、大学によっては、入試の成績優秀者の学費が一部もしくは全額が免除される特待生制度（給費生制度）があるので、自分に合う制度を探ってみよう。入学した後も、定期試験の成績上位者に奨学金を給付するなど、学びに専念する学生を支援する制度を設けている大学があるので、調べておこう。

オープンキャンパスに参加する

大学のオープンキャンパスは、ホームページや入学パンフレットには載っていない情報、実際の校内の雰囲気や在学生の学生生活を体験的に知るための大事な機会だ。毎年定期的に行われているので、機会がある人はぜひ参加しよう。

みなさんのなかには、地元の大学のキャンパスや研究室を見学したり、大学の先生による模擬授業を受けたりと、すでに大学での学びや雰囲気を身近に感じている人がいるかもしれない。複数の大学が一堂に集まる大きな進学イベントに参加して、興味をもった大学のブースを回ってみた人もいるだろう。そのような、大学に直接近づける場では、先生や在学生に気になることをどんどん質問しよう。

最近は、オンラインで進学相談会を行っている大学もある。オープンキャンパスに行けない人は積極的に利用して、疑問を解消しよう。

大学を選ぶ上で注意してほしいことは、大学の知名度や偏差値にとらわれ過ぎないこと。先入観をもたず、複数の大学の国際学部、関連する学部を比べてみよう。そうすれば、はじめは「英語が得意になったら就職に有利そう」など、国際学部への興味や目標がふわっとしていた人も、最終的には「○○大学の国際学部で××を学びたい。卒業後はこんなことをしたい」という、学びの明確な目標ができて、自信をもって志望校を選べるだろう。

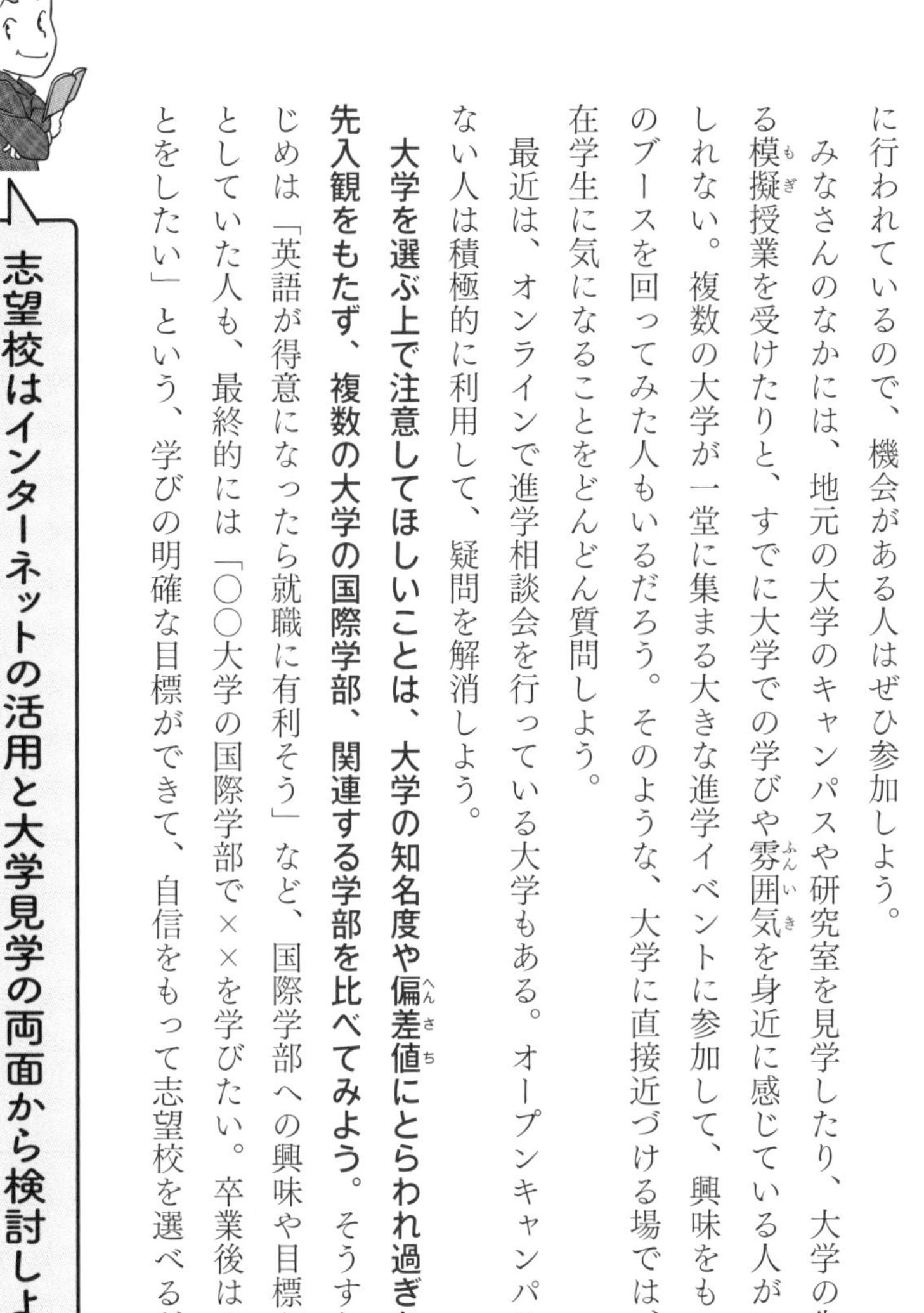

志望校はインターネットの活用と大学見学の両面から検討しよう

Q23 かかわりの深い教科はなんですか？

英語は4技能をバランスよく学ぼう

国際学部ではもちろんのこと、英語は文系理系を問わずどの学部を選ぶにしても必須だ。特に国際学部では、どの学科・コースを専攻するにしても、英語によるディスカッションやプレゼンテーションを行い、英語による専門分野の講義を受ける。英語の研究論文や書籍、学術系のニュースをたくさん読むことになる。もちろん、海外研修や留学も英語と切り離すことはできない。

また外国語学部のように、言語そのものを研究対象とした学科・コースもある。ある大学では、英語を含む外国語の言語の構造、文法、発音、さらには言語の背景にある歴史や文化まで深く学ぶ。英語の基礎力を高校までに固めておきたい。

日本語を学ぶ「国語」も、国際学部の学びには不可欠だ。生まれた時から日本語を覚えてきた日本人は、あたりまえだけれど、日本の言葉を使って物事に気付き、理解し、表現

している。いくら英語が得意になっても、自分の意思や感情、個性、ゆるぎない価値観をつくっているのは「母語=日本語」なんだ。

そして、千年以上の歴史をもつ日本語の構造や文法、編成を理解することができる。また和歌や俳句、短歌など独自の言葉文化を学ぶことで、日本人の心に息づく精神文化を知ることができる。漢文は、中国の文化や歴史、さらには現代の日本人にも影響を与えている考え方や倫理観を教えてくれる。

国語の勉強は、外国語を学習する上でもおおいに役立つ。日本語を正しく理解し、豊かな表現力を身につけることで、外国語をより正確に、豊かな表現力で訳すことができる。

ヨーロッパの学生は、英語やフランス語などの母語とその古語、さらにラテン語を学び、自分たちの言語やそのルーツを探る。同じように日本人も、過去と現在の日本語を多面的に学ぶことが大切だろう。

異文化理解には社会科の勉強が力になる

中学校や高校で習う社会科、なかでも高校の地理や日本史、世界史は、異文化を深く理解する上でもとても大切な科目。大学受験のためのただの暗記科目として勉強するだけではもったいない。

特に高校生のみなさんなら、たとえばヨーロッパの大航海時代と日本の南蛮(なんばん)貿易の関連、というように、日本史と世界史を横断的に勉強している人も少なくないだろう。**このように、歴史を日本と世界の両面からとらえて学ぶことが、異文化理解を深め、コミュニケーションを豊かにする知識や教養になる。**

「現代社会」や「政治・経済」の科目も、グローバル社会を生きる私たちには基礎(きそ)知識になる。「倫理(りんり)」を通して世界の哲学(てつがく)や思想を学び、外国人の根底にある物事の考え方を知ることができる。

好きな科目をもっと得意にする

国際学部で、外国語のほかに何を学びたいかによって、中学校や高校で特に力を入れて学んでおきたいことも決まってくるだろう。

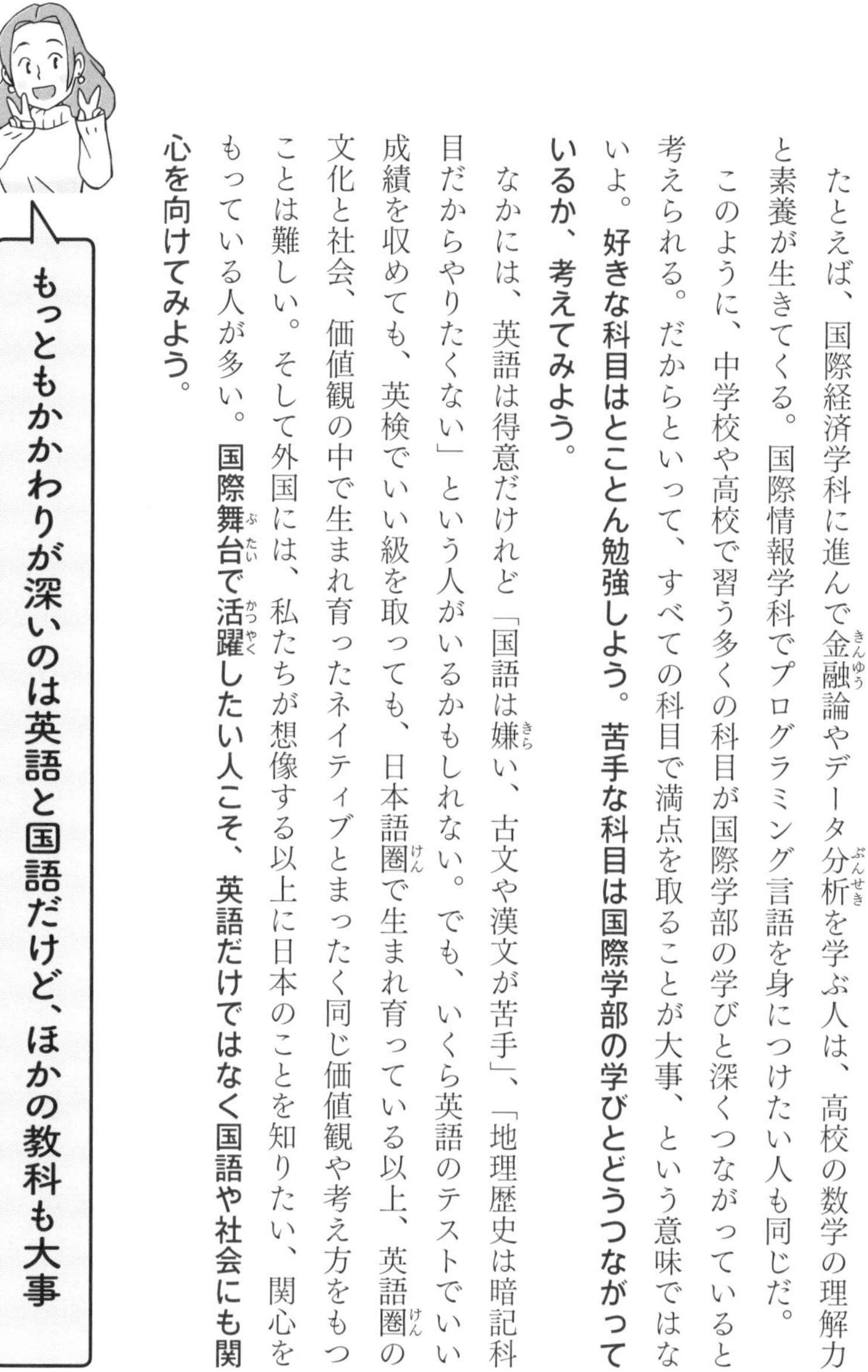

たとえば、国際経済学科に進んで金融論やデータ分析を学ぶ人は、高校の数学の理解力と素養が生きてくる。国際情報学科でプログラミング言語を身につけたい人も同じだ。

このように、中学校や高校で習う多くの科目が国際学部の学びと深くつながっていると考えられる。だからといって、すべての科目で満点を取ることが大事、という意味ではないよ。**好きな科目はとことん勉強しよう。苦手な科目は国際学部の学びとどうつながっているか、考えてみよう。**

なかには、英語は得意だけれど「国語は嫌い、古文や漢文が苦手」、「地理歴史は暗記科目だからやりたくない」という人がいるかもしれない。でも、いくら英語のテストでいい成績を収めても、英検でいい級を取っても、日本語圏で生まれ育っている以上、英語圏の文化と社会、価値観の中で生まれ育ったネイティブとまったく同じ価値観や考え方をもつことは難しい。そして外国には、私たちが想像する以上に日本のことを知りたい、関心をもっている人が多い。**国際舞台で活躍したい人こそ、英語だけではなく国語や社会にも関心を向けてみよう。**

Q24

学校の活動で生きてくるようなものはありますか？

英語の授業や学校行事の中にたくさんある

ふだんの学校生活の中で国際学部の学びに生きてくることと言えば、まず英語の授業を思い浮かべると思う。あたりまえと思うかもしれないけれど、日々の宿題をこなすことや目先のテストでいい点を取ることだけで気持ちが精一杯になっていないだろうか？

確かに学校の授業や定期試験は、英語の基礎が着実に身についているのかを試すために大切なこと。**でも、自分の興味や関心と英語を関連づけてみると、勉強にもっと積極的になれるし、自分にとって必要な英語とは具体的に何かがわかってくる。**

たとえば、学校でネイティブの先生と会話する時、教科書の内容の質問だけではなく、自分が思っていることや趣味について積極的に話してみよう。「日本語の○○は、英語ではなんと言うんだろう？」など、自然に疑問がわいてきたら英語力アップのチャンス。失敗を恐れずどんどん話してみよう。

文法の勉強や英文の多読は、語彙を増やし、表現力を高めるためにはとても大切。国際学部のどの専門分野を学ぶ上でも英語の大事な基礎力になる。

みなさんのなかには、中学校や高校で短期間の海外研修を経験している人もいるだろう。現地の生徒や先生、人びととの会話を通して、英語をもっと勉強したい、異文化を深く知りたいなど、国際系の学びに強い興味をもったと思う。その熱意を、学校でできる英語の勉強につなげていこう。**校内の英語スピーチコンテストやレシテーション（朗読）コンテストに挑戦するなど、海外留学以外にも英語力と表現力を高めるチャンスはたくさんある。**

文化祭などの学校行事のなかにも、国際学部の学びと直結する機会がある。国連で採択されたＳＤＧｓにかかわる環境活動についての研究発表、コーヒーや衣類など発展途上国のフェアトレード商品の販売、世界の社会問題をテーマにした映画の自主上映会などが、全国の高校でも行われている。地域の魅力を英語のポスターや動画で紹介している学校もある。

また最近は、インターネットを利用して、海外の学校と交流する機会も増えている。日本にいながら、世界の生徒と英語で話し合えたり、合同イベントを行うこともできる。

このように、ふだんの学校生活だけでも、国際学部の学びにかかわる経験がたくさんできるよ。

クラブや部活動、ボランティア活動にも機会がある

英語が好きな人なら、英会話クラブやディベート部など、英語にかかわる課外活動に参加している人がいるかもしれない。**しかし、英語以外のクラブや部活動の人も、アイデアしだいで国際学部の学びとつながる体験ができるよ。**

文化部だったら、個人やグループの作品や活動に英語の説明を加えてインターネットで公開してみる。外国の人から英語でほめられたり、はげまされたりして交流が生まれるかもしれない。運動部なら、プロスポーツの一流コーチが配信する技術指導や基礎（きそ）トレーニングの動画やサイトが、英語能力アップとスキルアップの両方につながる。あこがれの海外のプロ選手のＳＮＳに、英語で応援（おうえん）メッセージを送ってみるのもいい勉強になる。

ほかにも、外国人住民との交流や日本語を教える地域のボランティア活動に参加するのも、国際学部で学ぶことを考えるよいきっかけになるよ。

英語の各種検定に挑戦（ちょうせん）して大学受験にも備えよう

みなさんの学校では、英検やＴＯＥＦＬなど英語のさまざまな検定や資格を取る勉強を進めている学校があると思う。最近の大学では、英検やＴＯＥＦＬ、ＩＥＬＴＳなど、英

語の外部検定の成績を利用した入試を、一般入試や私立大学の大学入学共通テスト（旧・大学入試センター試験）利用入試などに取り入れるようになってきた。

この試験は、決められた検定の級やスコアを取って出願すると、一般入試の英語の科目が満点とみなされたり、英語の試験を免除されるなどの利点がある。だから、大学入試までに外部の英語検定に挑戦して高い級やスコアを取っておくと、志望校の選択肢が増える。高校の早いうちから英語の検定でいい成績を取っておくと有利だ。

高校で海外研修や国際ボランティア、校内の国際交流プログラムなどを経験した人で国際学部に行きたい人は、受験生の意志や適性、基礎学力などいろいろな面から評価して合否が決まる総合型選抜（旧・AO入試）や学校推薦型選抜（旧・推薦入試）が合っているかもしれない。志望理由書や小論文をまとめることで、志望する国際学部の学びをよく調べ、自分の進学の目標と意識をしっかり固めることができる。

このように、高校の時に英語の検定や資格に挑戦したり、自分に合う大学受験方法を見つけて早めに対策を取ったりすることで、行きたい国際学部に着実に進んでいこう。

英語の授業や課外活動など、学校での活動のすべてがつながる

Q25

すぐに挑める国際学部にかかわる体験はありますか？

海外の映画や音楽、書籍(しょせき)や雑誌にたくさんふれる

国際学部にかかわる体験は、学校以外の場でもたくさんできるよ。

そのもっとも気軽な方法のひとつが、映画やドラマ、音楽、書籍(しょせき)や雑誌など、世界中で有名な英語のメディアや娯楽(ごらく)にふれてみること。特に子ども向けのアニメは、英語のレベルが比較的(ひかくてき)やさしいので、英語に不安がある人にはぴったりだ。

映画やドラマのインターネット配信やＤＶＤは、英語や日本語の字幕を設定できるものが多い。英語が聞き取れなかったら日本語の字幕で内容を確かめたり、英語の字幕に替(か)えて単語や表現を正確に覚えたりすることができるよ。

小説や絵本が好きな人は、英語版の作品をどんどん読んでみよう。英語学習用の短編小説やエッセーがたくさん出版されているので、まずは文章量の少なくレベルのやさしい作品を読んでみよう。絵本は作品を楽しみながら、英語の意味やニュアンスをイメージでと

らえることができる。

ある英語圏のアーティストのファン、という人は、その人の英語の歌詞を覚えながら歌ってみよう。言葉やフレーズ、リズム感が自然に体になじんでいくよ。

最近では、日本のアニメやマンガの英語版が世界に広がっている。好きな日本の作品を英語で見たり読んだりすると、英語を自然に覚えられる。日本語との表現の違いもわかって、おもしろいよ。

日頃のニュースや趣味を英語のアプリや動画で視聴

多くのみなさんは、スマートフォンやタブレットのアプリ、ＹｏｕＴｕｂｅなどの動画配信サービスを使って、大学受

験の対策やTOEICなど英語の検定試験に向けた勉強をすることに慣れていると思う。いつでも手軽に使えて便利だね。

アメリカやイギリスの放送局が配信している英語学習者用のニュースアプリは、英語教材としてもおすすめだ。放送局のアナウンサーやキャスターが、ニュースを題材にさまざまな言葉やフレーズを、正しくて聞き取りやすい発音でわかりやすく説明してくれる。英語を英語で勉強する感覚も、手軽に体験できるよ。

世界で有名な美術館や博物館でも、非ネイティブにもわかりやすい英語でいろいろなコンテンツを配信している。館内のガイドや学芸員が、所蔵品や作者の魅力を短い番組で説明しているよ。さらに海外の動物園には、飼育員が動物とふれ合いながら、子ども向けのやさしい英語で紹介しているところがある。気軽に観られるよ。

英語圏の一般の人たちの動画もおもしろいけれど、言葉や文法に誤りがあったり、くだけすぎた表現や差別用語が含まれたりしているので、学校の英語学習の対策としては適切ではない面がある。自分が観る動画やウェブサイトの内容を見極めることが大切だよ。

自分の思いや趣味を英語で発信してみよう

1章でもふれたけれど、国際学部で学んでいる先輩たちは、海外留学や研修など実際に

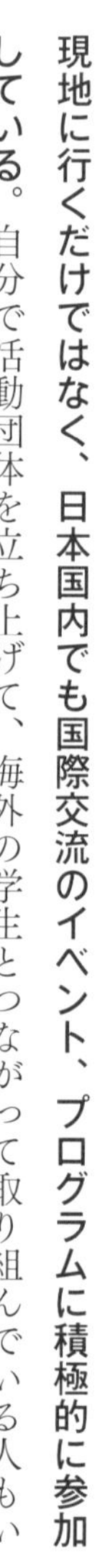

現地に行くだけではなく、日本国内でも国際交流のイベント、プログラムに積極的に参加している。自分で活動団体を立ち上げて、海外の学生とつながって取り組んでいる人もいる。国や行政、国際交流の関連団体が行っている中学・高校生向けの国際プログラムはたくさんあるので、参加してみよう。その体験を通して、これから学びたいことが見つけられるかもしれない。

国際交流のイベントに参加するだけではなく、自分の趣味の作品を動画にして世界中の人に見てもらうことも、国際学部の学びともつながりやすい。

すでに動画をアップしている人のなかには、「せっかく英語でコメントしてくれたのに、返事が書けなかった」、「海外のおもしろいユーザーとつながりたいけれど、英語ができないからあきらめた」など、英語でつまずいた人がいるかもしれない。「自分の好きなことをきっかけに海外とつながりたい」という純粋な思いも、国際学部の学びと深くつながっていくよ。

英語のメディアや娯楽、自分の趣味が国際学部の学びとつながっている

著者紹介

三井綾子（みつい あやこ）
教育ライター・キャリアカウンセラー。1973年、静岡県生まれ。全国の学校を多く取材し、最新の教育・研究事情など進学に関する情報を紹介している。学生が学ぶこと、働くことの意味ややりがいを見出し、自信をもって将来を切り開いていくことを願いながら、若者へのキャリア支援を行っている。著書に『教育者という生き方』『教育学部』（ぺりかん社）がある。

なるにはBOOKS 大学学部調べ
国際学部 中高生のための学部選びガイド

2021年4月10日　初版第1刷発行
2022年8月10日　初版第2刷発行

著者　三井綾子
発行者　廣嶋武人
発行所　株式会社ぺりかん社
〒113-0033　東京都文京区本郷1-28-36
TEL：03-3814-8515（営業）/03-3814-8732（編集）
http://www.perikansha.co.jp/

装幀・本文デザイン　ごぼうデザイン事務所
装画・本文イラスト　保田正和
印刷・製本所　株式会社太平印刷社

ISBN978-4-8315-1585-8
Printed in Japan

仕事の実際から
なり方まで解説

なるにはBOOKS

並製カバー装
平均160頁

83 国際公務員になるには

横山和子(東洋学園大学特任教授)著

❶世界の平和と安全に取り組む国際公務員
❷国際公務員の世界[日本と国連とのかかわり、国連・国際機関の組織と仕組み、職場と仕事、生活と収入、将来性]
❸なるにはコース[適性と心構え、国際公務員への道のり、なるための準備]

★★★

23 外交官になるには

飯島一孝(元毎日新聞社編集委員)著

❶外交の最前線を担う!
❷外交官の世界[外交とは、日本の外交、外務省の歴史、外務省の組織、在外公館、生活と収入、外交官のこれから他]
❸なるにはコース[適性と心構え、採用試験、研修制度]

★★★

大学学部調べ 法学部

山下久猛(フリーライター)著

❶法学部はどういう学部ですか?
❷どんなことを学びますか?
❸キャンパスライフを教えてください
❹資格取得や卒業後の就職先は?
❺めざすなら何をしたらいいですか?

☆☆☆

大学学部調べ 理学部・理工学部

佐藤成美(サイエンスライター)著

❶理学部・理工学部はどういう学部ですか?
❷どんなことを学びますか?
❸キャンパスライフを教えてください
❹資格取得や卒業後の就職先は?
❺めざすなら何をしたらいいですか?

☆☆☆

大学学部調べ 教育学部

三井綾子(フリーライター)著

❶教育学部はどういう学部ですか?
❷どんなことを学びますか?
❸キャンパスライフを教えてください
❹資格取得や卒業後の就職先は?
❺めざすなら何をしたらいいですか?

☆☆☆

大学学部調べ 社会学部・観光学部

中村正人(ジャーナリスト)著

❶社会学部・観光学部はどういう学部ですか?
❷どんなことを学びますか?
❸キャンパスライフを教えてください
❹資格取得や卒業後の就職先は?
❺めざすなら何をしたらいいですか?

☆☆☆

大学学部調べ 医学部

浅野恵子(フリーライター)著

❶医学部はどういう学部ですか?
❷どんなことを学びますか?
❸キャンパスライフを教えてください
❹資格取得や卒業後の就職先は?
❺めざすなら何をしたらいいですか?

☆☆☆

大学学部調べ 文学部

戸田恭子(フリーライター)著

❶文学部はどういう学部ですか?
❷どんなことを学びますか?
❸キャンパスライフを教えてください
❹資格取得や卒業後の就職先は?
❺めざすなら何をしたらいいですか?

☆☆☆

大学学部調べ 経営学部・商学部

大岳美帆(ライター・編集者)著

❶経営学部・商学部はどういう学部ですか?
❷どんなことを学びますか?
❸キャンパスライフを教えてください
❹資格取得や卒業後の就職先は?
❺めざすなら何をしたらいいですか?

☆☆☆

大学学部調べ 工学部

漆原次郎(科学技術ジャーナリスト)著

❶工学部はどういう学部ですか?
❷どんなことを学びますか?
❸キャンパスライフを教えてください
❹資格取得や卒業後の就職先は?
❺めざすなら何をしたらいいですか?

☆☆☆

☆☆☆…1600円　★★★…1500円(税別価格)

【なるにはBOOKS】

税別価格 1170円～1600円

1——パイロット
2——客室乗務員
3——ファッションデザイナー
4——冒険家
5——美容師・理容師
6——アナウンサー
7——マンガ家
8——船長・機関長
9——映画監督
10——通訳者・通訳ガイド
11——グラフィックデザイナー
12——医師
13——看護師
14——料理人
15——俳優
16——保育士
17——ジャーナリスト
18——エンジニア
19——司書
20——国家公務員
21——弁護士
22——工芸家
23——外交官
24——コンピュータ技術者
25——自動車整備士
26——鉄道員
27——学術研究者(人文・社会科学系)
28——公認会計士
29——小学校教諭
30——音楽家
31——フォトグラファー
32——建築技術者
33——作家
34——管理栄養士・栄養士
35——販売員・ファッションアドバイザー
36——政治家
37——環境専門家
38——印刷技術者
39——美術家
40——弁理士
41——編集者
42——陶芸家
43——秘書
44——商社マン
45——漁師
46——農業者
47——歯科衛生士・歯科技工士
48——警察官
49——伝統芸能家
50——鍼灸師・マッサージ師
51——青年海外協力隊員
52——広告マン
53——声優
54——スタイリスト
55——不動産鑑定士・宅地建物取引主任者
56——幼稚園教諭
57——ツアーコンダクター
58——薬剤師
59——インテリアコーディネーター
60——スポーツインストラクター
61——社会福祉士・精神保健福祉士
62——中小企業診断士
63——社会保険労務士
64——旅行業務取扱管理者
65——地方公務員
66——特別支援学校教諭
67——理学療法士
68——獣医師
69——インダストリアルデザイナー
70——グリーンコーディネーター
71——映像技術者
72——棋士
73——自然保護レンジャー
74——力士
75——宗教家
76——CGクリエータ
77——サイエンティスト
78——イベントプロデューサー
79——パン屋さん
80——翻訳家
81——臨床心理士
82——モデル
83——国際公務員
84——日本語教師
85——落語家
86——歯科医師
87——ホテルマン
88——消防官
89——中学校・高校教師
90——動物看護師
91——ドッグトレーナー・犬の訓練士
92——動物園飼育員・水族館飼育員
93——フードコーディネーター
94——シナリオライター・放送作家
95——ソムリエ・バーテンダー
96——お笑いタレント
97——作業療法士
98——通関士
99——杜氏
100——介護福祉士
101——ゲームクリエータ
102——マルチメディアクリエータ
103——ウェブクリエータ
104——花屋さん
105——保健師・養護教諭
106——税理士
107——司法書士
108——行政書士
109——宇宙飛行士
110——学芸員
111——アニメクリエータ
112——臨床検査技師
113——言語聴覚士
114——自衛官
115——ダンサー
116——ジョッキー・調教師
117——プロゴルファー
118——カフェオーナー・カフェスタッフ・バリスタ
119——イラストレーター
120——プロサッカー選手
121——海上保安官
122——競輪選手
123——建築家
124——おもちゃクリエータ
125——音響技術者
126——ロボット技術者
127——ブライダルコーディネーター
128——ミュージシャン
129——ケアマネジャー
130——検察官
131——レーシングドライバー
132——裁判官
133——プロ野球選手
134——パティシエ
135——ライター
136——トリマー
137——ネイリスト
138——社会起業家
139——絵本作家
140——銀行員
141——警備員・セキュリティスタッフ
142——観光ガイド
143——理系学術研究者
144——気象予報士・予報官
145——ビルメンテナンススタッフ
146——義肢装具士
147——助産師
148——グランドスタッフ
149——診療放射線技師
150——視能訓練士
151——バイオ技術者・研究者
152——救急救命士
153——臨床工学技士
154——講談師・浪曲師
155——AIエンジニア
156——アプリケーションエンジニア
157——土木技術者
158——化学技術者・研究者
補巻25 教育業界で働く
補巻26 ゲーム業界で働く
補巻27 アニメ業界で働く
学部調べ 看護学部・保健医療学部
学部調べ 理学部・理工学部
学部調べ 社会学部・観光学部
学部調べ 文学部
学部調べ 工学部
学部調べ 法学部
学部調べ 教育学部
学部調べ 医学部
学部調べ 経営学部・商学部
学部調べ 獣医学部
学部調べ 栄養学部
学部調べ 外国語学部
学部調べ 環境学部
学部調べ 教養学部
学部調べ 薬学部
学部調べ 国際学部
学部調べ 経済学部
学部調べ 農学部
学部調べ 社会福祉学部
学部調べ 歯学部
学部調べ 人間科学部
学部調べ 生活科学部・家政学部

※一部品切・改訂中です。　2022.6.